気楽なさとり方

心がどんどん晴れる

Your heart can be clearer
like a blue sky.

宝彩有菜
Alina Hosai

日本教文社

まえがき

人間の心は働き者です。いつも何かをすばやく考えています。

まるで素晴らしく性能の良い疲れ知らずのエンジンのようなものです。

でも、問題もあります。

放っておくと、「考えたこと」や「考えの切れはし」が、例えば排煙のように心の中に立ち込めてくるからです。

すると、知らないうちに心が曇ってきます。

さらに進むと暗雲が垂れこめたように暗くなります。

心が暗くなると、不安や恐れが起こってきますし、笑いや幸福感からも遠ざかってしまいます。


でも、大丈夫です。

その心の中に立ち込めているものを吹き飛ばせばいいのです。

まるで大きな扇風機をぐんぐん回して、新鮮なクリーンな風で何もかも吹き飛ばすように。

すると、心がどんどん晴れてきます。

青空が見えてきます。

心が晴れて輝いてくると、不安や恐れは消えてなくなります。笑いや幸福感が戻ってきます。


この本は、その方法を書いてあります。

つまり、「心がどんどん晴れる」方法です。


そして、そのコツが分かったらもっと先に進んでみましょう。

さらに心が晴れ渡って、一点の曇りもなくなる地点まで。

すると、もっともっと素晴らしいことが起こります。


今回それを「一休道歌《どうか》」も参考にしながら分かりやすく説明したいと思います。

その「一休道歌」ですが、これは、一休さんが書き残した多くの和歌のことです。


ちょっと説明しておきます。

一休さんは一三九四年に京都に生まれ、一四八一年に八七歳で没するまで京都を中心に活躍していた禅の和尚《おしょう》さんです。

現在では、東洋文化への関心の高まりもあって、西洋でも高い評価を得ています。翻《ひるがえ》って私たち日本人はあまりに幼少のおりから一休さんの頓知話《とんちばなし》などに親しんでいる結果、一休さんの本当の凄《すご》さを知らないでいる面もあるようです。

一休さんの凄さは、「悟《さと》り」にあります。心に一点の曇りもないところまで到達したことにあります。頓知や駄洒落《だじゃれ》ではありません。

確かに一休さんの道歌を英語で説明しようとすると、駄洒落や頓知の部分は訳せませんから、本来の意味だけが伝わることになります。さらに、現代の英語に訳しなおしますから、私たち日本人が古い原文で理解しようとするより意味がわかりやすくなっています。

その本来の趣意や言明が凄いのです。それが人々を感動させたり、心に涼風を吹き込んだりするわけです。

ですから、この本も本来の内容を読み取ることにします。難しい言葉はなるべく平易な日本語で説明して、そして駄洒落や頓知の世界には行かないようにします。

しかし、それらの駄洒落や頓知を全部はずしても、一休さんの歌は実に軽妙で愉快です。

（逆に言えば、だからこそ、他の人の作と思われる駄洒落や頓知話なども、みんな一休さんの所に集まってきたのかもしれません）

とにかく、一休さんの歌はパワーがあります。楽しいです。

読むだけで心がどんどん晴れてきます。

理解し習得すればさらに効果があります。

ということで、さっそく、その解説を笑雲《しょううん》先生、そして聞き手は小松茸《こまつたけ》君で始めたいと思います。この二人は「気楽なさとり方シリーズ」のおなじみの登場人物です。

「小松茸」

「はい、笑雲先生」

後はこの二人に、いいえ、一休さんも含めて三人ですね、それにお任せしましょう。

「小松茸、この一休道歌はな、一休さんが悟《さと》りへ向かう途中でその時々の心境を詠《よ》んだものだ。心の情景といってもよいぞ」

「だから、ガイドブックみたいなものですね。笑雲先生」

「そうだね。例えば、江戸から伊勢まで旅をしようと東海道を下るとする」

「はい」

「すると、景色が変わる。

川が見えたり、湖が見えたり、富士山が見えたり、海が見えたりする。

それを写生したようなものだ。現代ならスナップ写真で撮ったようなものだ。道歌とはその写真だ」

「はぁ」

「または、道路標識だ。たとえば、東京から熱海までドライブするとする。

右に行くと町田、左に行くと鎌倉だとか、いろいろ道路標識がでてくるだろう」

「はい」

「道歌とはそのような道路標識のようなものだ。我々が間違った道に進まないようにと導いてくれるわけだ」

「導いてくれる？　じゃぁ、道歌は導歌ですか」

「あはははは、どうかな」

「またぁ、駄洒落《だじゃれ》には行かないんじゃなかったんですか」

「あはははは」

「でもねぇ、笑雲先生。道路標識や旅の写真が手元にあっても、ぜんぜん目的地には行けませんよ」

「おっ、小松茸、良いことに気がついたなぁ。まったくその通りじゃ。

なんて小松茸は頭がいいんだろう。素晴らしい。

部屋の中に道路標識や旅の景観の写真が貼《は》ってあっても目的地には行けない。

青空も見えない。心も晴れない。まったくその通りじゃ」

「じゃあ、どうすればいいんですか」

「修行は自分でしないと何にもならない。

道路標識や写真をため込んでもしかたない。

旅のガイドブックを何回読んでも自分がその場所に行けるわけではない。

あくまでガイドブックは、ガイドブックだ」

「そうですね。

でも、ガイドブックも道路標識も、その読み方もまだよくわかりませんよ」

「あはははは、素晴らしいガイドブックでも、ちゃんと目的を持って読まないと意味が理解しにくい。

駄洒落や頓知《とんち》に行っては本来の大切な意味を取り損ねる」

「そうですね」

「まず、正しい内容の読み方を教えよう。

ちゃんと道歌が読めるようになっておくと、『おっ、これは町田と鎌倉の分岐点の道路標識か』とか、『おっ、この写真は、沼津から見える富士山だったのだ』と分かるようになる。

そして『一休さんも昔このあたりを通ったのだなぁ。同じことを感じていたのだなぁ』と嬉《うれ》しくもなるし、『この道で間違いない』と修行が順調に進んでいることの確認にもなる。

そして、進めば進むほど心は晴れて青空が広がってくる。

真にありがたいことじゃ。

でも、小松茸、自分で行かなければダメだよ」

「分かってます、分かってます、修行でしょ」

「あはははは、それを忘れないように」

「はい」

と、いうことで、さっそく一休道歌にそって、修行の道中が始まりました。目指す地点は「悟《さと》り」だそうです。でも、たとえそこに到達しなくても、その道を一歩でも二歩でも進めば進むだけ、つまり、悟りへの修行をすればするだけ、心はどんどん晴れてくるのだそうです。

それでは、さっそく一緒に行ってみましょう。そして、心にどんどん青空を広げていきましょう。

宝彩　有菜

二〇〇〇年七月

気楽なさとり方　心がどんどん晴れる――目次

第1章　柳はみどり、花はくれない

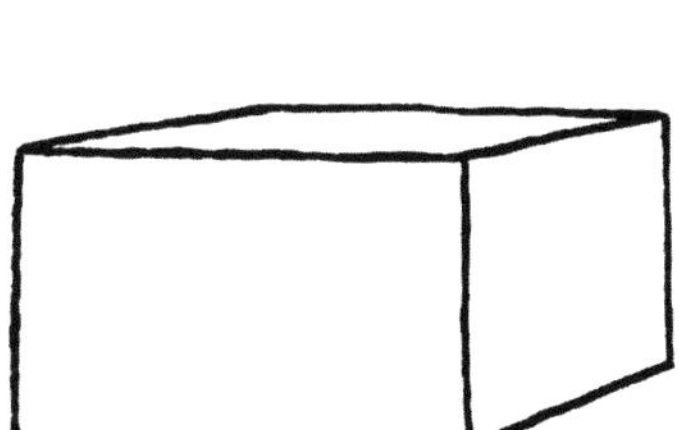

この章ではまず、心がどんどん晴れるとは、いったいどんなことなのだろうか。そして一点の曇りもなくなる、つまり悟《さと》るとどんなことになるのだろうか、という、悟りと悟りへの道程の俯瞰《ふかん》的な説明をします。目的地と大まかな道程をざっと見ておきましょう。

自然を自然のままに見る

自然を自然のままに見ることができたら素晴らしいですね。

「見るごとにみなそのままの姿かな　柳はみどり花はくれない」

柳はみどりですし、花は紅《くれない》です。

当たり前のようですが、この一休さんが言うように「そのままの姿」には、実はなかなか見ることができません。

柳を見ればその緑を見るのではなく、頭はすぐに他のことを考えてしまいます。

花を見てもその紅《くれない》を見るのではなく、頭はすぐに他のことを考えてしまいます。

特に心に心配事があったり、腹の立つことがあったりすると、そうなります。

緑を愛《め》でたり、紅に酔《よ》ったり、あるがままの姿をその姿のまま受け入れることができません。

もし、あるがままを受け入れることが出来たら、それはもの凄《すご》く奇麗《きれい》です。この世のものとは思えないくらい輝いています。目の前にある宇宙的な奇跡と対面します。感動です。歓喜です。エクスタシーです。嬉《うれ》しくて嬉しくて躍《おど》り上がるばかりです。

この歌はそのことを歌っています。

でも、普通そんなに感動することはありませんね。

さて、悟ると、いつでもこの感動や喜びを感じられます。

悟ると眼鏡《めがね》が曇っていたのが奇麗に晴れるからです。

レンズについていた油膜がきれいにぬぐい去られるからです。

すると、緑は本当の緑に、くれないは本当の紅《くれない》に見えます。

宇宙に存在している自分と、自分を存在させている宇宙が全く一つになります。

素晴らしい幸福感に満ちあふれます。

限りない優しさと嬉しさにつつまれます。感謝感激です。

「笑《しょう》雲《うん》先生、笑雲先生」

「なんだい、小松茸《こまつたけ》」

「いきなり、悟ったあとのことを言われてもぜんぜん分かりませんよ」

「おっ、そうか。でも、目指す境地はそういうところだ。

悟ったからと言って超能力が得られるわけではない。空を飛べるわけでもない。不死になるわけでもない。ただ、柳が本当に緑で、花が本当にくれないになるくらいのもんだ。大したことはない」

「でも、凄《すご》い幸せになるんでしょ」

「そうだね。でも、悟ると幸せになるんじゃない。人間はもともと大ハッピィなんじゃ。悟るとそれを思い出すだけじゃ。大したことはない」

「思い出すだけですか」

「そうじゃ」

「でも、悟ると、何にも腹が立たなくなるんでしょ」

「そうだね。腹が立たなくなる。

もう少し詳しく言うと、悟っても腹を立てようと思えば立てられるが、立てるのがムダだと思えば立てないこともできるようになるだけじゃ。大したことはない」

「じゃぁ、我慢ができるようになるんですか」

「我慢じゃない。我慢しているというのは腹が立っているのにそれを隠している状態だ。押さえつけている状態だ。それは、心と体の健康にも悪いし、解決にもならない。

悟っても腹は立てようと思うと立てられるよ。でも、普通は腹を立てるとエネルギーのムダだと思うから、腹はもともと立てない。

悟ると腹が立たなくなるというのは、別に我慢が上手になるわけじゃない。もともと腹を立てないだけだ。合理的になるだけだ」

「ふーん、そうですか」

「なにも、大したことではない」

「でも、悟ると怖《こわ》いものもなくなるんでしょ」

「そうだね。でも、これも、怖いものが無くなるんじゃなくて、怖いという思いが自分で調整できるようになるだけじゃ。

スーパーマンのように強くなって怖いものが無くなるわけじゃない。怖がってもしかたないものを怖がらなくなるだけじゃ。大したことはない」

「悟ると、世の中のことがすべて分かって、分からないものもなくなる」

「これも同じじゃ。小松茸。

分からないことは依然《いぜん》として分からない。でも、分からないから、何とか分かりたい。何だろう、何だろうという考えをやめることもできるだけじゃ。

分からないものを、分からないままに放って置くことができるだけじゃ。

世の中には『頭』には決してわからないこともある。それが理解できるだけじゃ。

いいかい、分からないままにしておくことができるようになると、分からないなぁという思いがなくなる。消える。だから、全部分かった気分になっているだけじゃ。ぜんぜん大したことはない」

「とにかく小松茸が考えているようなスーパーマンになるわけではないよ。悟っても普通じゃ。普通に自然になるだけじゃ。緑は緑に、紅はくれないに見えるようになるだけじゃ」

「うーん、それだけですか」

「それだけじゃ。ぜんぜん大したことはない。ふふふふふ」

「あああ、やっぱり、何かあるんでしょ」

「何もないって」

「見るごとにみなそのままの姿かな　柳はみどり花はくれない」

「そうですか。分かりませんねぇ」

「そうだね、悟ってみないと悟った素晴らしさは実感としては分からないね。だから、自分で悟ってみるしかないね。これは体験だからね」

「分かりました。また、そこに行きましたね。自分で修行して悟る」

「そうだ、それしか方法はない。ガイドはできる。ヒントも与えられる。たとえ話で話もできる。が、代わりに悟ってあげることはできない。

例えば、ビールの説明はできる。おいしい飲み方も教えられる。

でも、喉越《のど》しを通って行く感覚は、代わりに誰かに飲んでもらってもしかたない。実感できない」

「そうですね」

「あははは、でも、大丈夫《だいじょうぶ》、ちゃんと修行すれば誰でも悟れる。悟ることはそんなに難しくない」

「本当ですか」

「本当だ。でも、悟りたい、悟りたいという欲が強過ぎるとちょっと難しい。その大欲がなかなか落ちないことがよくあるからね」

「そうなると、悟れないのですか」

「そうだね、無欲、無我、無心、みんな同じだけど、欲があっては悟れない」

「でも、大丈夫だ。欲の落とし方も一休さんの上手なガイドがあるから参考になるぞ」

「そうですか。では、前置きはこれくらいにして、さっそく、案内してください」

「よろしい、では、参ろうか」

「はい。悟りの東海道五十三次の道中ですね」

「あはははは、そうだね」

宇宙の中の一休み

悟りの旅の強力なガイド役に一休さんを頼んでありますが、その一休さんの「一休」という面白い呼び名を歌い込んだ一休さんの道歌があります。

「有漏路《うろち》より無漏路《むろち》へ帰る一休み　雨降らば降れ風吹かば吹け」

有漏路《うろち》というのは、物質の世界、無漏路《むろち》というのは霊魂の世界。つまり、この世とあの世ということでしょうが、すると、意味は、あの世からやって来て、今この世にいるけれど、といってもあの世に帰る道中にちがいはない。まぁ、だから今は一休みのようなもんだ。雨が降ってもいいし、風が吹いてもよい。それも楽しい、というものです。

その「一休み」というのを自分の号《ごう》にしたわけですから、そのことを片時も忘れないでいたいということでしょう。

今は、物質から非物質への遠大な旅の一休みなのだ。その宇宙的なポジションを忘れないぞ、ということでしょう。そのことを覚えている限り、雨が降っても、風が吹いても、「優しさ」と「限りない感謝」を忘れることは無いのだ。そう言っているのだと思います。

この歌を心にして、夜空の星を見あげると「ああ、ありがたい」と半分くらい一休さんの気持ちが分かった気がします。今は、有漏路《うろち》から無漏路《むろち》へ帰る旅の途中だ、何があってもいいじゃないですか。ありがたいことです。そう思えてきます。

さて、その一休さんがいう悟りとは、いったいどんなものでしょう。一休さんは悟りとはどんなものと考えていたのでしょう。それを次でみてみましょう。

物事に執着しない

「物ごとに執着せざる心こそ　無相無心の無住なりけり」

悟るというのは、無我になるとか、無心になることですが、それは、「物事に執着しない心」だと一休さんは言っています。

もっと詳しくは、「無相無心の無住だ」と言っています。なんとなく分かりますが、「執着」とは、「心」とはいったいなんでしょう。

「無相」「無心」は少し分かる気もしますが、それが「無住」とは？　「無相」や「無心」ということすらも無いということなのでしょうか。この本を読み終わるころには分かると思います。

怒りや、心配や、嫉妬《しっと》や、すべての執着は、結局、心がいろいろと思うわけですから、それらを超越しようと思うと、その心とはいったい何なのか、まずはそれを突き詰めていかなければなりません。悟るためには心を探求する必要があります。

第2章

心はどこにあるのだろう

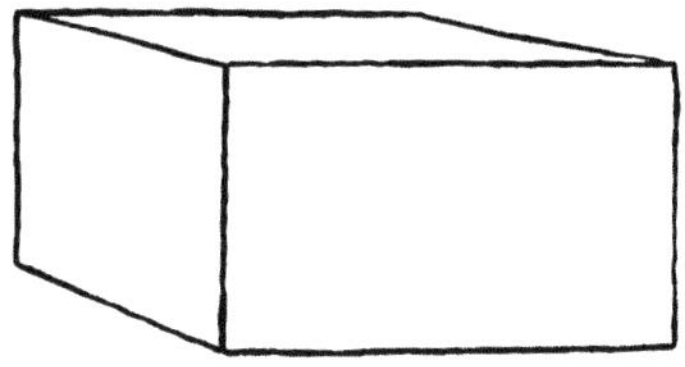

この章では悟りの修行の対象である心について考えてみましょう。心とはどんなものなのか。

絵の中の松風の音

「心とはいかなるものをいうやらん　墨絵にかきし松風の音」

禅の修行の方法はとにかくこの「心」というものを探求していきます。

もっと、言えば、「心がどのように動いているのかを常に自分で観照《かんしょう》できるようになること」が達成すべき具体的な当面の目標です。

観照《かんしょう》とは禅の言葉ですが、自分が今何をどのように考えているのか、その思考の動きをまるで他人のようにじっと見守ることです。

しっかり見るためには明るく照らし出さなければなりません。目を覚《さ》まして、明るく照らして、しっかり観察する。それをひと言で観照といいます。

墨絵に松が描いてあり、風が吹いているようです。松の葉が風に「ヒューヒュー」と鳴っています。

現実には音がしていませんが、松風の音が聞こえるようです。

また、逆に、本当に浜辺にいて、松風の音が現実にそばでしていても、頭が何か他の重大なことを考えていると、松風の音は聞こえません。聞こえているのに頭の中には届かない状態もあるわけです。

ちょうど、小松茸が、先ほどお客様からもらった芥子明太子《からしめんたいこ》で、ビールを飲むことを考えながら笑雲の話を聞いていると、何も頭に入っていない状態と同じです。

「笑雲先生！　ちゃんと聞いてますよ」

「あははは、そうか」

「でも、ビール余分に冷やして置きましょうかね」

「あははは」

とにかく、松風の音が聞こえたり聞こえなかったり、みんな心がそうしています。

いったい心とはなんなのでしょう。

何かに執着したり、怒りや心配が止まらなくなるのも、みんなこの「心」のなせる業《わざ》ですから、この心をなんとかしなければ、恐れや心配から抜け出したり、無心や無我の状態になることはできません。

悟るとはどんなことなのか、その手掛かりを求めて行くと、ついには心の問題にたどりつくわけです。

しかも、誰の心でもありません。「自分の心」です。無我になるだとか、無心になるだとかの工夫をしていると、結局は、「自分の心」とはいったい何なのだというところに入っていきます。

心を訪ねる

「夜もすがら仏のみちをたずぬれば　わが心にぞたずね入りぬる」

一休さんも「夜毎《ごと》、仏の道、つまり悟りの勉強をしていると、つまりは、自分の心の問題に突き当たってきたなぁ」と言っています。

私たちも一休さんの道歌に導かれて、その心をさらに詳しく観察していきましょう。

まず、心はどのような仕組みで動いているのか。

それをまず、理解しましょう。

そうすると、怒りや心配が起こる仕組みが分かってくるはずです。

さて、その心ですが、どうも外部の情報がそのまま、頭の中で素直に処理されていないようです。

緑が緑ではなく、紅がくれないでないのです。

逆に、外部に情報がないのに、頭の中だけで勝手に思考が走っていることもあります。何かを考えるということは、頭の中で言葉を連ねているわけです。頭の中で独り言がぶつぶつと聞こえてきたりします。

「笑雲先生、それじゃまるで、誰か知らない人が自分の心の中にいるみたいじゃないですか」

「あははは、そうだね。まるで泥棒《どろぼう》が潜《ひそ》んでいるようなものだ。一休さんもそう言っている」

応答する心

「音もなく香《か》もなき人の心にて　呼べば答うる主も盗人《ぬすびと》」

「人の心というのは、音もしないし、香りもない。なのに、呼べば答えるのは、まるで盗人がいるみたいだ」という意味です。

呼べば答えるというのは、例えば、静かな湖面に石を投げると波紋が広がるようなものです。何かの情報を入れてやると思考はどんどん広がっていきます。あるいは、壁にボールを投げると跳《は》ね返ってくるようなものです。

とにかく、何かを与えると何かを返してきます。応答するという意味です。応答するからには、誰かそこに居るのだろうという発想になります。許可を与えてそこに居るようにと、据え付けた覚えはないので、まるで無許可で黙って入り込んだ人がいるみたいです。つまり盗人がいるみたいだという感想になります。

「音もなく香《か》もなき人の心にて　呼べば答うる主も盗人《ぬすびと》」

心のこの応答する仕組みを理解するために、ここでもうちょっと心の処理工程を分解してみましょう。

例えば目の前にあるイチゴを、「イチゴ」だと認識する単純な工程を例にそれを追ってみましょう。

その認識工程を細かく見ていくと、次のようになります。

まず、赤い光線が目に入って、網膜を刺激します。

つぎに視神経がその情報を運びます。このときはもう赤い色はありません。単に微量の電子的な信号が情報として伝わっているだけです。脳がその情報を、過去に学習したものと比べて、「これはイチゴだ」と「認識」しているわけです。

頭は「イチゴ」を認識した時点では止まりません。仕事熱心ですからすぐ次の作業に入ります。お腹が空《す》いているという肉体的な情報もかかえていると、すぐに「イチゴ、食べたい」になったりします。情報に対する行動をきめています。判断しているともいいます。行動を起こす条件がすでにあればそれに従います。さまざまな「欲」が起こる瞬間です。

あとでまた、詳しくお話しますが、お釈迦《しゃか》様はこの一連の工程を、色受想行《しきじゅそうぎょう》識《しき》などと分解して説明しています。情報を受けて理解して認識して判断することです。

さて、このようにシステム的に合理的に心が働いているのであれば何の問題もないのですが、実は、この一つ一つの工程にいろいろと問題が起こります。問題が起こるので、いろいろ変わった応答が出てくるわけです。出てきたものだけをみると、まるで手品師のようなものです。ありもしないものがポイポイでてきます。

こころは手品師

心の実態をさらに迫って見ましょう。そして、心の特徴や仕組みを理解しましょう。

「傀儡師《かいらいし》胸に掛けたる人形箱　仏出そうと鬼を出そうと」

傀儡師《かいらいし》というのは昔の手品師のことです。「心とは、傀儡師のようなものだ。胸にかけている箱の中から仏でも鬼でも自由自在に出せるのだなぁ」と一休さんは言っています。

現代語にすると、

「こころとは手品師のようなものです。シルクハットの何も無い中から、ウサギでも、鳩でも取り出せるように、仏でも鬼でもなんでも自由にとり出して見せてくれます」

という意味です。

仏や鬼をもっと具体的に言えば、例えば、イチゴを一皿小分けにしてもらっても「有り難い」と言う人もいれば、「たったこれだけか」と不満に思う人もいます。同じ情報でも考え方や思い方で違ってくるわけです。

同じようにコップに半分水が入っているのを見ても、「コップに半分しか水がない」と思うのも「コップに半分も水がある」と思うのも思い方しだいです。

同じ一生でも、「素晴らしい一生だった」と思うのも、「つまらない一生だった」と思うのも思い方しだいです。

同じことでも心が脚色すれば、良いことにも悪いことにもなります。解釈がかわれば、「感謝」にも「不満」にもなります。

心の持ちようで、「極楽」にも「地獄」にもすぐに行けるわけです。仏が出たり、鬼が出たりするわけです。

「そうですよ、笑雲先生。だからいつも仏が出るように工夫すれば、ああ、この世に生まれて良かったなぁになるんでしょ。人生がムダにならないんでしょ。だったら、どうすれば、仏が出るようにできるんですか」

「そうだね。なるべくいつも仏がたくさん出るようにしたいね。

そうするには、いくつか方法がある。簡単なのは『感謝』だ。でも、感謝を実践するには、ケチな人には難しい」

「それって、小松茸のことですか」

「いやー、小松茸も典型的なケチだが、人間は誰でもケチだ。

ケチな人には難しいと言ったのは、ケチという本性をもともと持っている人間にとって、感謝を頭で理解して実践するのは難しいってことだという意味だ。

頭は得になることを考えるから、思考すれば当然ケチにしかなれないのだ」

「じゃ、どうすればいいんですか。『ケチな小松茸』としては」

「あはははは、ケチだからできるうまいやり方がある。大丈夫だ。でもそれは後半で詳しく述べよう。ここでは、もう少し一休さんの道歌に沿って心を探究してみよう。心を良く理解すれば、あとで述べる感謝の実践も理解しやすいからな」

「はい。もう少し心を探究するのですね」

「そうだ。心とは何なのか?」

思う心もその心

心とは何だろう、心とはどこにあるのだろうと心を探していますが、よくよく考えてみるとその探しているのも実は心です。

「帰りつつまた立ち帰りよく見れば　思う心もその心かな」

ですから、一休さんも「心はどこにあるのだろうと探しているけれど、よく見てみれば探している方も同じ心なのだなぁ」と言っています。

さて、どこかになにかあるのであれば、探し出すこともできますが、探しているのが「探している自分」だとなれば、さぁ、いったいどうやって見つけることができるのでしょう。

例えば、人を探しているとします。通りかかる人の顔は全部認識できますが、自分の顔は自分では見ることができません。鏡に映《うつ》せば反対ですし、ビデオに撮《と》ってもそれはテレビ画面です。自分の顔を自分の肉眼でそのままに見れるでしょうか。見れませんね。世界中でただ一人、どうしても自分の目で直接に見ることができない人の顔とは自分の顔です。

それと同じで、自分の心を自分の心で見つけようとしてもそれは、一番難しいことですね。自分の心の姿を見つけようとするのは大変な作業です。まるで、幻影か幽霊を追いかけているような気分にさえなります。

しっぽを捕まえようと自分が動けばしっぽも動くわけですから永久につかめないわけです。メガネをかけたままで、それを忘れてメガネを探しているようなものです。メガネが見つかりません。

自分の影を追いかけて行くと自分の影が同じだけ逃げて行くようなものです。

わずかに残った残像を頼りにこんな形かなぁ、あんな形かなぁと推測することになります。そのことを一休さんは面白い表現をしています。

心の動きはつかまえにくい

「掘らぬ井にたまらぬ水の波たちて　影も形もなきものぞ汲《く》む」

心の中の自分を探していると、いつもわずかに残った残像を見ることになります。
一休さんは、ですから、それはまるで、「掘ってない井戸に貯まってない水があって、それを影も形もない人が、汲《く》んでいるようなものだ。わずかに波が立っている」とうたっています。

素晴らしい表現ですね。自分の心の動きをつぶさに観照《かんしょう》しようとすると確かにこうなります。

思考は微細な電気的な信号を使用して頭の中を走りますので、その走ったあとは若干の跡は残るでしょうが、ほとんど消えてしまっているからです。それをじっと観察しようとするとこんな感じになります。まったく素晴らしい一休さんの感性ですね。うまいもんです。

「笑雲先生」
「何だい。小松茸」
「私もこんなのを作ってみましたが、どうでしょう」

「どれどれ」

一休さんを真似て小松茸が道歌をつくったみたいです。

「見えぬジョッキにたまらぬビールの泡《あわ》立ちてかげも形もなき人ぞ飲む」


「うまいもんでしょう」

「あのなぁ、小松茸」

「はい」

「まさか、明太子《めんたいこ》で先にビールを飲んじゃったんじゃないだろうな」

「かげも形もなき人ぞ飲む」

「まったく！」

「大丈夫です。笑雲先生。ちょっと味見をしてみただけですから」

「ふん」


本当に小松茸は修行する気があるのかしら。という私も明太子くらいで腹を立ててはいけません。

第3章 素晴らしい恍惚感

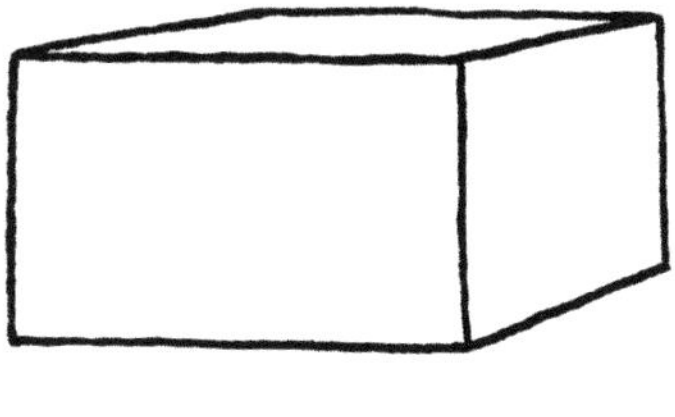

心を探求する、修行するということは、一体どんなことなのか。その心構えとか意欲とはどうすればいいのか。それをこの章では考えてみましょう。

ひとめ惚《ぼ》れ

さて、悟るためには、修行をしなければなりませんが、その修行を熱心に続行する原動力になるものがあります。それに会うとまるで恋をしたようにまたすぐに会いたくなります。

「本来の面目坊《めんもくぼう》が立ち姿　一目《ひとめ》見しより恋とこそなれ」

一休さんもこのことを「本来の面目坊《めんもくぼう》」に会ったら恋をしたようになったと詩《うた》っています。「本来の面目坊」とは「本来の自分」とか「大いなる自己」とか「自分の中にある仏」とか「如来」とか「菩薩」とか「宇宙意識」とか「神」とかいろいろに表現されます。表現はどうであれ、「おお、これだ。この人だ。これこそ私の探し求めていた人だ」などと直感で分かるものです。

修行を熱心にしていると、ある時ふと偶然に出会います。心の中に浮かんだ像のようにも思えます。

でも、その実は、感覚です。素晴らしい恍惚《こうこつ》感といいましょうか、もの凄《すご》く楽しい感じといいましょうか、ちょっと表現ができにくいのですが、とにかく、あまりの嬉《うれ》しさや、気持ち良さや楽しさのために何か素晴らしい人に会ったように思います。悟《さと》りの段階でいうと小《しょう》悟《ご》です。悟りの入口に入ったとも言えます。

その小悟が起こると、修行の爆発的な推進力になります。その「本来の面目坊」にまた会いたくて会いたくて仕方ないという状態になるからです。お師匠さんから修行しなさい修行しなさいと言われなくても自分から進んで修行に励むようになります。

それで、つい、寝食《しんしょく》も忘れて修行してしまいます。それほど修行に励むようになりますから、睡眠不足になったり、栄養不足になったりします。

誰でも恋に落ちる

ところが、面白いことに、「本来の面目坊」にもう一度会いたくて、修行に馬力をかけているのですが、皮肉にも、修行すればするほどなかなか会えなくなってきます。

この前、ふと「本来の面目坊」に出会った時はどんな修行をしていた時だろう、何を考えていたのだろう、あるいは、何を考えていなかったのだろう。といろいろ思い出そうとしたり、また同じ状態にしようと工夫をしたりしますが、そうすればそうするだけ会えなくなってしまいます。

場所や時刻や体調も前とまったく同じようにしてみますが、それでも会えません。うまく行きません。

なぜうまくいかないのか、その理由は、どれだけ同じにしても「会いたい」という欲が今度は入り込んでいるからです。前には無かったものです。

無心に修行をしていたときに比べて、「会いたい」という大きな欲を抱え込んでいますから、会えなくなっているのです。レベル的には新たな欲を抱えた分、修行は後退しています。

さあ、大変です。「本来の面目坊」を見つけて、「ああ、嬉しい。私の修行は進んでいる」と喜んだのに、その修行が後退してしまいました。

どうしても、また、あの人に会いたい。でも、会えない。会いたい会いたいと思えば思うほど会えません。

まるで、最愛の恋人に会えないようなものです。修行には拍車がかかっていますから、あらゆる工夫をしてみますが、どうやってもうまくいきません。

初心に戻って、初級の修行をやりなおしてみたり、あるいは、中級の修行をやってみたり、上級の修行をやってみたりします。とにかく何とか会いたいと寝食《しんしょく》を忘れてあれこれと、修行に励みます。工夫をしてみます。すると、睡眠不足と栄養不足と運動不足で、まさに恋にやつれたようになります。


「我のみか釈迦《しゃか》も達磨《だるま》も阿羅漢《あらかん》も　この君ゆえに身をやつしけり」


一休さんもそのようになった時のことをちょっぴり言い訳と懐《なつ》かしさをこめて詩にしています。「この君を見つけたあとは、修行三昧《ざんまい》になって、まるで恋という熱病にかかったみたいになるなぁ」と。初恋のときを振り返っているようなものです。

恋という熱病にかかっているだけですから、病気のようですが病気ではありません。心身ともに気は大いに充実しています。いたって健康です。かすみだけでも生きていけそうなくらい元気です。

この時期の修行は、ですから、ものすごいスピードで進みます。悟りに向けてまっしぐらという感じです。

「ちょっと待ってください、笑雲先生、レベル的には後退しているんじゃなかったんですか」

「まぁ、そうだ。レベル的には後退している」

「それが悟りに向けてまっしぐらになるのですか」

「そうだね。この後退は、次なるステップに行くためには必要な後退だと言えるね。

悟りたいから、修行を始めたわけだが、あるとき偶然に、すべての欲が落ちるときがある。

その悟りたいという欲も偶然に落ちるわけだ。

そうすると、その状態は一瞬とは言え、無欲になった状態、つまり悟った状態だから、ものすごい至福になる。

さて、それを少しでも味わうと、今度はまたその至福の感覚を味わいたくて、『ちょっと悟りたい』が、『ものすごく悟りたい』になるわけだ」

「あははは、笑雲先生に言われて修行していたのが、言われなくても修行に励むようになるのですね」

「そうだ。この悟りたい欲は大きいからね。

金銭欲や、名誉欲なんかは、これにくらべると小さく思える。捨てがたかったそれらの欲もどんどん捨てることができる。その意味ではこの本来の面目坊に会ったことは修行の前進になることだが、でも一方では、この欲が立ち上がると、さらに大きな欲を抱えるわけだから大問題でもある。

この悟りたいを捨てて修行を続けることはできないし、かといって、その欲を持ったままでは絶対に悟れない」


「じゃぁ、どうするんですか」

「だから、もがき苦しむ。

身がやつれる。

あははははは、ほんと、大変だ」

「笑いごとじゃないですよ。いったいどうするんですか」

「そうだね。よし、では、それは次の歌を説明してから言おう」


ちょっと、言い忘れましたから付け加えておきますが、この「本来の面目坊」に会いたいと修行する時期に、注意することがあります。

それは、「本来の面目坊」に会いたい欲が大きくなっている状態で、それになかなか会えない状態が続くときに、「頭」が、苦し紛《まぎ》れに、あたかも会ったみたいに想像してしまうことがあるということです。

「頭」が、働いていては本来の面目坊に会えないのですから、「頭」が消えるということが絶対に必要な条件なのですが、「頭」は自分が消えるのは何としても嫌ですから、「頭」は残ったままで、「それほど、本来の面目坊に会いたいのだったら、見せて上げましょう」と幻影を作成してしまうことがあります。それを見たからと言っても、それは偽物《にせもの》です。自分も心の底では偽物と知っていますから、後ろめたさがあります。

でも、修行が後退したのではない、修行は順調に進んでいると、人にも、自分にも自慢したいですから、その幻影を真実本来の面目坊に出会ったと言い張ったりします。すると、その後、どんなに修行しても決して悟ることはありません。

なぜなら、「頭」が思考することをコントロールする、つまり、「頭」の主人になることが修行の手順であるのに、この時点で、「頭」が、主人を騙《だま》して、主人の座に座り込んでしまっているからです。

そうなると、この後は、「頭」が采配《さいはい》を振るって、それこそ、ガイドに書いてあるとおりの幻影を次々に作り出して行きます。「頭」をコントロールするつもりが、逆に「頭」にコントロールされてしまいます。

ですから、最初に本来の面目坊に会って、二回目に会うまでの間、この「頭」の策略に乗らないように注意して下さい。なかなか会えなくても良いのです。それが正解です。後退した感じで良いのです。ウソの前進をしないで下さい。ウソの前進をするとそれは本当に地獄に向かいます。


「笑雲先生。地獄に向かうのは嫌です」

「そうだね。せっかく悟りを目指しているのに、ここで道に迷うと大変だ」

「どうすれば良いのですか。例えば、本来の面目坊と、偽の面目坊はどう見分ければ良いのですか」

「いいかい、小松茸。

もし、偽《にせ》の面目坊が現れても、それを作り出したのは自分の『頭』だ。だから、偽物であることを『頭』は知っている。そのことに正直であれば良いだけだ。『頭は色々と作り出してくれるなぁ。でも、全部ウソだなぁ』と。『おいおい、そのような幻影をつくるのをやめてくれないと、前には進めないぞ』と文句を言っても良いぞ」

「でも、あまりに精巧にできていて、本物と見分けがつかなかったらどうすれば良いのですか。例えば、はっきりと羽衣を着た天女が見えたとか。雲を突き抜ける観音様が見えたとか」

「あはははは、面白い」

「何がですか」

「はっきりしたものはみんなウソだ。色、形、姿、匂い、そんなものがあるものはみんなウソだ。だから、見分け方は簡単だ、色も、形も、姿も、匂いも、何も無いものが本来の面目坊だ。『頭』が消えたときに出会うんだから当然そうなる」

「でも、『頭』が消えてから出会うんだったら、出会ったことすら分からないじゃないですか」

「うん、そのように『頭』は考える。だから、今の言葉は小松茸がしゃべっているのではなくて、『頭』がしゃべっている。『頭』と小松茸は違うのだぞ。小松茸が『本来の面目坊』なのだぞ」

「ウーン、難しい」

「つまり、本来の面目坊とは、本当の自分自身のことだ。頭に『考える』という仕事を与えている主人のことだ。難しいか？　あははははは、大丈夫。悟るとなんだこんな簡単なことかと思えるものだ。ただ、ここで言いたかったのは、幻影を本物と思わないことだ。自分にウソをつかないということだ。修行が進まなくてもゴマかさないということだ」

「分かりました。この時点で、修行が苦しくなってもそれは正しい道を進んでいることなのですね」

「そうだ。東海道五十三次で言えば、箱根の山を越えるようなものかもしれないね」

会いたい一心

さて、また道歌に戻りましょう。

大変な欲を抱えてしまって、あれこれ修行のやり直しをしたり、とにかく、身を粉にして日夜修行をしていると、睡眠不足になったり、栄養不足になったりで、恋にやつれたようになってきます。

でも、実は、この悟りたい欲を抱えて、一時期あれこれともがき抜くことに意味があるのです。それを通過するから本当の悟りに至るのです。そのことを一休さんは、

「一切の諸仏菩薩《ぼさつ》も悲願より　菩提涅槃《ぼだいねはん》の成就したまう」

とうたっています。つまり、

「誰もかれも、悟った人はみんな、悟りたいという切なる願望、つまり悲願があったから悟れたのだなぁ」という意味です。

イエスの「叩《たた》けよさらば開かれん、求めよさらば与えられん」と同じ意味です。本気で自分で修行しないと悟れないよという意味です。

さて、前節の小松茸の質問ですが、

「悟りたい欲がなければ、悟りに向かえない。でも、悟りたい欲があれば悟れない。では、どうすれば、いいのか」という問いでしたが、答えをいいましょう。

その悟りたい欲も最後には捨てなければならないよということです。

実は、悟りたいというのも、欲です。ただ並はずれて大きいだけです。その大欲が起きたら、名誉欲だとか、金銭欲だとかは、比較すれば小さいですから、簡単にどんどん落としていけます。

どんな名誉をもらっても、どんなに世界中のお金をもらっても、「本来の面目坊」を見た時の至福と比べると、比べものにならないからです。それほど「本来の面目坊」に出会った幸福感は大きいのです。

よく、悟った人が赤貧でもにこにこして暮らしていたりしますが、悟ったから赤貧でもにこにこ出来るのではなく、赤貧だから悟ったのでもありません。「本来の面目坊」と一緒に住めるのならどんな赤貧でもちっとも苦にならないだけの話です。

同じことをイエスもちょっともらしていますね。「畑に真珠を見つけたら、どんなにお金積まれたってその畑を売る気はしなくなるよ」と。これと同じです。地位もあげましょう、名誉も、お金もあげましょうと言われてもこの「畑の小さな真珠」の方がよほど良いと言っています。


「本来の面目坊」を手にいれることに比べたら、もう名誉だとか金銭だとかは、なんだか小さなものに思えてきます。

それは、欲を捨てて行くという修行としては好都合なのですが、さて、「本来の面目坊を手に入れたい欲」というその最後の大欲はどうするのでしょう。どうすればいいのでしょう。

実は、この欲も、他の欲が全部奇麗《きれい》に消えたら、さっさと落としてしまわなければなりません。欲は欲です。畑の真珠もそれに執着していてはいけません。意識の中から落とさないと、当然、悟りの邪魔になります。


「笑雲先生、ちょっといいですか」

「はい、なんですか。小松茸君」

「欲には色々な欲がありますよね」

「そうだね」

「その欲をどんどん落としていって、つまり、無欲になると悟れるんでしょ」

「そうだよ」

「全部落とすんですよね」

「そうだよ」

「だから、最後の大欲というか、悟りたい欲も最後は落とす」

「そうだよ」

「その落とし方も今から聞かないといけませんが、その前にちょっといいですか」

「なんだい」

「つまり、まったく無欲になったら、生きて行けないんじゃないかと思うのですが、大丈夫ですか。たとえば食欲や睡眠欲までもなくなってしまうと、生きる意欲もなくなる……」

「ああ、なるほど。小松茸がそう思うのももっともだね。

欲の分類をもっと早くにしておくべきだった」

「欲の分類？」

「そうだ。欲にはきりのない欲と、きりのある欲がある。やっつけなくてはならないのはきりのない欲の方だ。もっともっとと止まらない方だ。

肉体の欲はきりのある欲だ。満足させれば消える。例えばお腹が空腹になれば食欲が出るが、満腹になれば食欲は消える」

「そうですね」

「ところが、概念的な欲はきりがない。例えば、金銭欲や支配欲のようにたとえ目標を設けてそれを達成しても、すぐに『もっと欲しい、もっと欲しい』と欲が消えない。きえないどころかさらに大きくなってしまう。

例えば、十万円を目標にして、十万円貯めたとする。貯まれば、すぐに今度は百万円欲しくなる。百万円貯まれば今度は一千万円だ。

ヨーロッパを制すれば、今度は中近東を支配したくなる。それを支配すると今度はインドを支配したくなる」

「アレキサンダー大王ですね」

「そうか。

とにかく、それは、まるで、お腹を空《す》かせたワニを静かにさせようとして、えさを与えるようなものだ。与え続けていると、そのワニがどんどん大きくなって、前よりさらに大量のえさを与えなければおとなしくならなくなってくる。成長するからだ。欲も成長する」

「あはははは、本当にそうですね」

「そんなワニを抱えていると大変だぞ、小松茸。大問題だ。人生の楽しさや豊かさを味わっている暇はなくなる。不幸の元だ。至福の障害だ。だから、それらのきりのない欲を奇麗《きれい》に消すのが修行になるわけだ。欲を落とすとも言う」

「なるほど。『きりのない欲』を落とすのが修行なのですね」

「そうだ」


「じゃぁ、もう一つ質問」

「はい。小松茸君どうぞ」

「きりのない欲と、きりのある欲はどうやったら見分けられるのですか」

「はい。お答えします。

肉体的な欲はきりのある欲。

精神的な欲はきりのない欲。

喉《のど》が渇《かわ》いたからと言って、コップに五杯も水を飲めば、もうそれ以上は欲しいとは思わないだろう。ガブガブ飲んでいると肉体から、『OK、OK、もう十分です』という信号が頭に来るからだ。『頭』が肉体に向かって、今は水が手に入らないんだから我慢しなさい。『OK』と言いなさい。とは言わない。『頭』は、肉体から『水が欲しい』という欲求がくると、その欲求を満たそうとあらゆる努力をする。それはそれは表彰しても良いくらいの働きぶりだ。任務に忠実なことだ。『頭』は決して自分の判断で『水が欲しい』という手元に来ている信号を消すことは無い。もし、それを消すような『頭』があればそれは故障だ。それでは、ちゃんと生命を維持して行けない。『頭』にとってその信号を消すことを許されているのはただ一つだけ。つまり、よそから『OK、もう十分です』という信号が来たときだけだ。だから、『頭』のこのまじめな働き方は称賛に値する。感謝すべきだ。

ところが、金銭欲だとか、名誉欲だとかの概念的な欲はどこからも『OK、もう十分です』という信号が来ない。だから、問題だ。『頭』のこのまじめな働きぶりが今度は不都合になってくる。誰も止めてくれないし、自分でも止められないから、もっと、もっともっとときりがなくなる」

「じゃあ、自分で『OK、もう十分です』と思えばいいじゃないですか」

「そうだよ！　小松茸、まさにそれだけのことだ……まさに。

それが、修行の核心だ」

「なんだ、簡単じゃないですか」

「うん、まったく簡単だ。拍子抜けするくらいだ」

「それじゃ、すぐ悟れますよ」

「うん、すぐに悟れる。悟るのに手間暇《てまひま》はいらない。それができればね。すぐにこの場で悟れる。

まるで頭の中のスイッチをカチッと一つ入れるようなものだ」

「それじゃ、修行することもないじゃないですか」

「そうだね。それができれば難しい修行をすることは全然ない。

完璧にもう十分だ。満足している、どんな欲望ももうないと思えればね。それでいいわけだ。心が空《から》の状態になれば。そうすると、思考は走らない」

「とても簡単そうですが、そうなかなか思えないってことでしょうね」

「簡単そうだが、実は、難しい。

頭が何かを『思う』ってことはもはや、思考が走っていることだからね。『十分だと思おう』と思えばよい。でも、そう思おうとすることも、十分だと思いたいという思いがあるということだ。思いがある、つまり思考が走っている。すると必ず欲が発生している。この場合だと、『十分だと思いたい』という欲だ」

「ああ、十分だと思いたいという欲があるのですね」

「そうだ。思考を止めたいという欲だ。だから、走っている思考が自分で『ＯＫもう十分だ。欲は何もない』と思うことはできないのだ。

それは例えば、エンジンが回っている。そのエンジンが自分で止まることができないようなものだ。もし、とまれば、それは故障だ。エンジンは軽快に回りつづけるのが正常だ」

「じゃぁどうやって止めるんですか」

「運転手が止める。主人が止める。心を観照している人が止める」

「それって、誰ですか？」

「自分だ」

「ああ、分からない。じゃぁ、エンジンと自分は違うのですか」

「そうだよ。考えているのは自分ではない。心というエンジンだ。マシンだ。コンピュータだ。自分と考える機械である心とは違う。自分は運転手だ、操作員だ、オペレーターだ」

「良く分かりませんが」

「大丈夫だ。修行すればおいおい分かってくる。分かってくると、心というのは強欲でやっかいな奴《やつ》だが、良い友だなぁと嬉《うれ》しくなる」

「そうですか。敵のような、味方のような奴ですね」

「あははは、本当にそうだね」

心は真面目《まじめ》で働きものです。でもしばしば働き過ぎになります。心配のし過ぎ。執着のし過ぎ。欲の張り過ぎ。ここでは、それは、そうなる仕組みがあるからだと、理解しておいて下さい。

第4章

心の仕組みがわかる

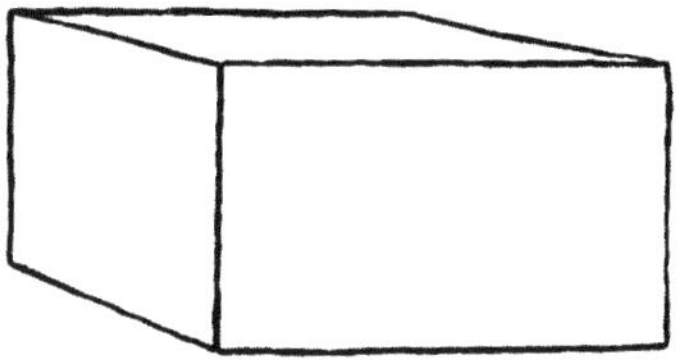

悟ろうと思うと悟れないだとか、心は自分ではないだとか、悟りについての知識や理論が先行しはじめると修行がはかどらなくなります。悟りについて、迷いが生じて来ます。外に悟りを求めてはいけません。あくまで目指すところは自分の中心です。

誰でも悟れる

悟れば、神様のようになったり、仏様のようになったりしますが、悟る前は誰でも普通の強欲な人間です。その強欲な人間が修行をして悟りを目指しているわけですが、いつまでたってもなかなか悟れないと、その意欲もくじけそうになります。

一休さんもくじけそうになった自分をこう励ましています。

「釈迦《しやか》もまた阿弥陀《あみだ》ももとは人ぞかし　我れもかたちは人にあらずや」

「お釈迦《しやか》さんも、阿弥陀《あみだ》さんも、悟る前は普通の人間だったのだ。自分だって普通の人間なのだ。だったら、私が悟れないということがあろうか」と。

悟るのは、なにも特別な人だけが実行できることではなくて、誰でも悟れるのだという意味でもあります。その通りだと思います。
というか、実際は、悟りの状態にならないようにしているものを取り除くだけの作業です。自分の中の障害を取り除くだけで、すぐに悟りの状態に「戻れる」といった方が正解です。「仏」はよそではなく「自分の中」にあります。イエスが「神様は天国ではなく、あなたの心の中にいますよ」というのと同じです。

「仏とて外《ほか》に求むる心こそ　迷いの中の迷いなりけり」

一休さんもこのように同じことを言っています。
「仏さんを外に求めて修行するのが、最大の間違いだね。それではいつまでも見つからないよ。仏様は自分の中心にいる」
つまり、誰でも、心の中に仏を持っている、つまり誰でも悟っているのですが、それを何重にも毛布やシーツで覆《おお》い隠している状態です。それらの覆いを取り去れば、まるで生まれたての赤ちゃんのような純粋無垢《むく》な心にすぐにでもなれるのです。

「そのままに生まれながらの心こそ　願わずとても仏なるべし」

毛布やシーツを取り去るだけで、それはもう仏です、悟っていますよと、一休さんも言っています。

「笑雲先生、でも、どうやって、取り去るのですか」

「そうだね、小松茸。具体的な方法を言わないといけないね。しかも日常でできる方法」

「そうです。それを言ってください」

「ＯＫ、ではちょっと長くなるがそれを話そう」

悟るための修行は四つ

さて、いよいよ自分の中にある仏の探求を実践的に始めましょう。心の動く仕組みをしっかり理解して、ポイントを外さないで確実に自分の心を取り押さえてください。

悟るための修行です。

それには四つの方法があります。

「愛」と「笑い」と「感謝」と「知恵」ですが、それは、心には四つ動き方があるからです。でも、すぐに「愛」と言ったり、「笑い」というと、分かったようで、分からなくなるので、心の動き方を追いながら一歩ずつ説明しましょう。

欲を落とす四つの方法と言っても良いでしょう。同じことです。

それぞれの方法を説明します。

そもそも、欲とは何かと言いますと、頭が「もっともっと」と「考える」ことですが、それでは、「考える」とは何かと言いますと、情報を取得して、比較して、保持することです。そしてこれを「もっともっと」と「思考として回す」わけです。

この「もっともっと」のことを「向上」と言えば、欲とは「取得・比較・保持・向上」のらせん階段だと言えます。

情報も色々あります。目から入る情報のことを「色」、耳から入る情報の事を「音」、同じように「味」「臭い」などと分けることもできます。

それらの情報が頭に届くためには、例えば「色」なら目の網膜で受けて、電気信号に変えて、それを、脳細胞に伝えます。

頭はそれを記憶している情報と比較して、認識して、もし、行動が必要なら行動する指示や、さらに考える必要があるなら考える指示を出すわけです。判断といいます。その判断自体も頭にとっては新しい情報、つまり電気的な信号です。

このサイクルを「受《じゅ》・想《そう》・行《ぎょう》・識《しき》」とも言いますが、これは古い中国語の言い方です。ですからそう言うと、想とは想像することかしら、行とは行くことかしら、いったいどこに行くんだろうかと、なまじ字が読める分だけ、分かりにくくなりますので、「取得・比較・保持・向上」と現代の日本語で言いなおします。同じことです。

これを英語で言えば、GET、COMPARE、HOLD、MOREです。この方が分かりやすい人もいるかもしれません。これを再度口語に訳しなおすと、「取って、比べて、ため込んで、もっともっと」です。

すさまじいですね。これだけ見ても思考は欲の原型だとわかります。

思考は欲の原型

思考が前進している状態とは、ですから「取得・比較・保持・向上」という四つのタイヤがついた自動車がタイヤを回転させて疾走《しっそう》している状態といえます。その中に「自分」という概念が入るとそれを欲といいます。

例えば思考は自動車ですから、この四つのどのタイヤが止まっても車は走れません。車は止まります。思考が止まります。つまり欲が止まります。

欲が止まれば、「頭」の中は静かになります。それまで、例えば波立っていた水が平らになるようなものです。

でも、波が消えても水はあります。

欲は悪い奴《やつ》だ。欲を作り出している心も悪い奴だと考えてはいけません。心という水と、欲や思考というその表面の波は違うものですが、離れているものではありません。要点はその波という現象を上手に平らにすればいいのです。すると仏に出会えます。

「我が心そのままほとけ生きぼとけ　波を離れて水のあらばや」

「表面は波立っているけど、その下は仏様だなぁ」という意味です。

波を上手に平らにすると仏さまに出会えます。

平らにするためには、どのようにして波が発生しているのかを理解する必要があります。

自動車を上手に止めるためにはどのようにして自動車が走っているのかを理解する必要があります。

同じように思考を上手に止めるためには、どのように思考が走っているのかを理解する必要があります。


思考は、「取得・比較・保持・向上」のサイクルで回っています。

ここで、その内容の確認もしながら、具体的にその回転の具合を検証してみましょう。

どこを、どうやって止めるのが良いのかそれを理解するためです。


まず、「取得」（GET）ですが、たとえば、レストランで隣に座った人の指に、大きなダイヤモンドの指輪を発見したとします。「お金持ちでうらやましいなぁ。自分も欲しいなぁ」という感情が例えば起こったとします。

これを、まず情報を「取得」するという観点からチェックしてみると、もしそのダイヤモンドを見なかったらうらやましいと思いませんから、自分もダイヤモンドが欲しいという欲が発生しません。情報を「取得」しなかったら欲は発生しないということです。

静かな湖面に石を落とすと波紋が広がりますが、石が落ちなかったら波紋は広がらないのだということです。

あるいは、地面に種が落ちると、芽が出て木が茂りますが、種が落ちなかったら木は生えてこないのだということです。

また、もっと微妙なことを追加して言えば、種が落ちても地面に水分が無ければ木は生えてきません。また、種が落ちても、鳥が来て芽が出る前についばんで持って行ってしまえば、木は生えてきません。

ですから、情報があっても、それを自分の中に「取得」しないと思考は次にはつながっていかないのです。耳で聞こえてもそれが「頭」に伝わらなければ思考にはならないのです。だから、お釈迦《しゃか》様が一所懸命良いお話をしても、聞いている人もいれば、ほかのことを考えてぜんぜん聞いていない人もいるのです。

「聞いてますよ。笑雲先生」

「あははは、そうか、小松茸」

このように、「取得」は欲を発生させる一つの要因です。「取得」は欲という自動車の一つのタイヤです。

次に「比較」（ＣＯＭＰＡＲＥ）です。

指輪が大きなダイヤモンドだと認識したとします。「わぁ、大きいダイヤだ。すごい」と。そう認識したから、うらやましいと思ったのですが、その認識は、自分の記憶や条件づけや知識と比較しているわけです。

もしダイヤモンドについてまったく知識がなかったらうらやましいと思いません。犬はダイヤモンドについて特別の知識がありませんから、うらやましいとは思いません。もし、自分の首輪に大きな重いダイヤモンドがついていても、できることなら首輪ごと取り外して欲しいと思うはずです。

また、違った意味の知識、たとえば「結婚指輪」とかの知識があるとその知識と比較してその方向の思考が走ります。

つまり、自分の知識と取り入れた情報を比較するから思考が続いて起こってきます。思考が起こると欲が起こってきます。ですから「比較」も欲という自動車のタイヤの一つです。

比較をもう少し説明しておきます。それはカードを並べるのに似ています。

例えば、カードを一枚引いてきて、今手に持っているカードに追加する時のことを考えてください。引いてきたカードの数字と手の中で順番に並んでいるカードの数字と比べます。実際には一対一に順番に比べていきます。そして新しいカードを正しい位置に挿入します。取得した情報を手持ちの情報と「比較」して取り入れました。手持ちの情報とは、次で説明する「保持」の機能で蓄えられているものです。

「保持」(HOLD)を説明します。

情報の「保持」とは「比較」の材料として、例えば手持ちのカードをどんどん増やすことに似ています。頭は常に情報を蓄え続けます。記憶され知識や方針となります。これは、頭の自然な正当な働きです。もし、万一この「保持」が行われないと、すべて、記憶は意味がなくなります。記憶がなければどんな比較もできなくなります。ですから、記憶のたまらない人には欲は起きません。

記憶は比較するための材料を蓄えることですが、具体的には、記憶とは、ある思考経路を一本にするために、神経細胞の不要なシナプスの根元を締めて他には電流が流れないようにする作業です。ずっと閉じつづけていると固定した経路になります。

ちなみに、この閉じているシナプスを開放すると笑いが起こります。新しい経路が開通するからです。笑いつづけている人はですから、欲が起こりません。布袋《ほてい》さんがそうです。記憶できなければ深刻さは微塵《みじん》もありません。

ですから、笑いは忘却と関係があります。忘却というと悪いことのようですが、執着を手放すことと同じです。また、笑いは新鮮な記憶とも関係があります。笑いとは新しい思考経路の開通だからです。

思考経路を柔軟に切りかえられる人は、いつも朗らかに笑っていられます。ですからよく笑うことは最高のボケ防止です。笑うと脳細胞が活性化されるからです。悟って全部の経路が開けば、もう笑い続けるよりほかにすることはなくなります。もちろん、笑わないでいることもできますけど。

最後に「向上」(ＭＯＲＥ) ですが、これは自分の「理想とする自分」との比較の結果起こります。「もっともっと」の動きになります。もっと幸福になりたい、もっと充実したい、もっと楽になりたい、と、まぁ当たり前ですが、きりがありません。が、これも頭の正当な働きです。この働きがあるから、心身を健康に守っていけます。

ここで覚えておいて欲しいのは、「もっと幸福になりたい、もっと成長したい、もっと楽になりたい」と思うのは全部「自分」です。これが欲の根源です。

この「自分」のところを「他の人」にすると「もっと幸福にしてあげたい、もっと成長させてあげたい、もっと楽にしてあげたい」になります。「欲」が「愛」に変わるということです。

でも、普通は、対象は「自分」になっていますし、何度も言いますが、概念的な欲には歯止めが効かないので、きりがなくなります。

ついでに、この「自分」という概念を奇麗《きれい》に落とすと悟れます。無我とか、無心とかになるからです。宇宙に溶《と》けるとか、神と一体になるとかの感覚も同じです。「自分」が無くなればそうなります。つまり、無心になるには、「愛」の修行をすればよいということになります。

「愛の修行って具体的にはどうするんですか」

「具体的には人を愛することだ」

「でも笑雲先生、いつも愛する人が近くにいるとは限りませんよ。そんな時はどうするんですか」

「確かにそうだな。そんな場合は、『私の愛を傾ける人が現れるまで待つ』のではなく、近くの人をまず愛する」

「近くの人を？」

「そうだよ、小松茸。汝《なんじ》の隣人《りんじん》を愛せよとイエスも言っているぞ」

「でも、どうやって、愛するのですか。簡単に『愛せよ』と言われても現実には難しいですよ」

「あははは、難しく考えてはいけないよ。何でもないことだ。一所懸命世話をすればいいのだ。手助けや、奉仕だ。その人のために自分の体や心を働かせるということだ。実に簡単だ」

「すると、悟れるんですか」

「そうだ。一心不乱に愛を実践しているとあるとき、『自分』が落ちる。すると、『あああ、嬉《うれ》しい』と悟れる。

でも、『悟ると至福になれる。だからそれを目指して、愛の実践をしよう』と真似をしていても悟れないよ。それでは、まだ、『自分』が幸せになりたい欲があるからね。つまり自分が消えていないわけだ。そうではなくて、とにかく、愛そのものになっていると悟れる」

「うーん。なるほど」

「向上」の話を少し追加しておきます。

思考のサイクルから言えば、この「向上」のところで、「もっとこうなるには」とか、「どうしてだろう、なぜだろう」とかの新しい情報が作成されます。矢印や疑問符のついた情報が、外部からでなく頭の中で、自前でできるということです。その新しい情報は最初に戻って、まるで外部からの情報と同じように「取得」されます。そして「比較」され「保持」され、さらに「向上」に持ちこまれます。「思考」がらせん状に回転しているといいます。

あまり激しく回転させると外部からの情報を取り扱う余裕がなくなりますから、人が話しかけても聞こえなくなったりします。自分の考えに没頭している状態です。考えていることは大概自分の得になることですから、欲につかまっているともいいます。

さて、この「取得・比較・保持・向上」という頭の働きが思考のサイクルですが、欲はそのサイクルから起こってきます。「もっとほしい。もっとこうすべきだ」などなど。

思考のサイクルのどの一つを止めても、思考が回らなくなりますから、従って欲も消えます。

また、どれを止めても他の三つもほぼ同時に止まります。ひとつのタイヤを止めると自動車が止まり、自動車が止まれば他のタイヤも止まるようなものです。

悟る修行はこの四つのタイヤのどれかに注目して行われます。欲という自動車を止めたいからです。

でも、間違っていけないのは、前に走ろうとしている自動車を何か障害を設けて止めようとしたり、何かロープのようなもので自動車の車体自体を引っ張ってとめようとすることです。それをしてはいけません。我慢したり押さえつけたりして、欲が起こってない振りをするのは間違いです。

確かにそうすると自動車は動けなくなりますから欲が無くなったように見えますが、タイヤは依然として回っていますから、タイヤがすり減ります。エネルギーのムダです。続けていると、自動車が壊《こわ》れます。

走っている自動車を外から止めるのではなく、メカニカルに内側から止めるのです。それには、思考が「取得・比較・保持・向上」と正確にリズミカルに動いていますから、そのどこかを止めればよいということになります。

それはまるで、エンジンが「吸気、圧縮、爆発、排気」と四サイクルで動いているようなものです。どの一つの工程を止めてもエンジンは止まってしまいます。

さて、寄り道をしましたが、一休道歌にもどりましょう。

一休さんの歌は「比較」についてのものが多いので、それはあとで解説します。ここでは、ほかのものを少し見ていきましょう。ほかのものについても道歌が残っています。

当然の反応

「取得・比較・保持・向上」のうち、自分でなんとか制御できそうなのは、「比較」のところです。それで、禅の悟り方は、大概この「比較」のところの頭の働きをなんとか自分で制御できるように修行しようという方法になっています。

その具体的な方法はあとでお話しします。

でも、例えば「取得・比較・保持・向上」の入口である「取得」のところを制御できたら簡単ですし、素晴らしいでしょうね。情報の入口ですから、それを制すれば、あとの色々な問題は起こってこないからです。しかし、これは、とても難しいです。多分お釈迦さまでもちょっとできないのではないかと思います。

一休さんも、

「何事も見ざる言わざる聞かざるは　ただの仏にはまさるなりけり」

と、「簡単そうだけど、それができたらなぁ、仏にも勝るなぁ」と言っています。つまり、無理だってことです。

でも、その努力はできます。例えば、気分を悪くするようなゴシップやニュースはなるべく見ないように、聞かないようにする。人の批判や悪口を言うのも、自分の現実の耳か心の中の耳がそれを聞いて気分が悪くなるだけですから、それも言わないようにする。思わないようにする。そういう努力はする方が良いと思います。

自分の部屋や身の回りもいつも奇麗《きれい》に整理整頓して清楚《せいそ》に簡素に美しくしておく。パチンコ店やゲームセンターなどの刺激的な音や騒音の多いところにはあまり出入りしないようにする。

「そういう努力もした方がいいぞ。なぁ、小松茸」

「パチンコに行くと悟れなくなるのですか、笑雲先生」

「悟れないことはないが、修行が遅くなる。

頭の中の見つかりがたい『真珠』を探そうとしているのに、雑音や騒音の不要な信号が飛び交っているとなかなか見つけられない。

頭の中で『本来の面目坊《めんもくぼう》』に会おうとしているのに、赤やピンクのネオンがちかちかしていては、なかなか出会えない。

古今東西、悟った人の身の回りは、簡素で、限りなく清楚だ」

「この道場も簡素ですねぇ。でも、清楚というより、赤貧《せきひん》という感じですが」

「あはははは、清楚、清楚」

「言い方ですね。あはははは」


色々と世の中は不要な情報があります。自分でもそれを作ることもあります。なるべくそれらを取りいれないように工夫しましょう。

でも、それにもかかわらず、聞いてしまったら、見てしまったら。それを無いことにしようと思ってもなかなか難しいです。

例えば、池に石が落ちても波紋を広げないようにしようと思ったら池を凍らせるしかありません。

地面に種が落ちても芽を出させないようにするには、地面をカラカラに乾燥させておかなければなりません。それは大変です。人間的ではありません。

それに、もし、そうできたとしても、ぜんぜん楽しくないでしょうね。

見たり聞いたり、泣いたり笑ったりするのが楽しいのですからね。

生きているというのは、色々な感動を体験するのが楽しいのですからね。

ですから、心が動揺しないことが悟ることだと勘違いして修行してはいけません。動揺してもいいのです。動揺するのが普通です。湖面が鏡のように平らになってくればくるほど、少しの情報にも敏感に心が動くようになります。

ただ、普通の人と違うのは、動き始めた心を暴走させることがない点だけです。

それがないので、心が動揺しない人のようにみえますが、違います。心は悟るとさらに敏感になります。

心を石のように硬くして、物ごとに動揺しないようにするのは間違っています。こころを石のように固くしてはいけません。

我慢や抑圧は間違い

「ほとけにも成り固まるはいらぬもの　石仏《いしぼとけ》らを見るにつけても」

悟れば結果としてどんなことにも心が動揺することはなくなります。でも、それは、どんな情報が入ってもそれで、心が乱れるということがないという意味です。

情報を入れないように固くなっているわけでもありませんし、心が動いたのを動いてない振りをして我慢しているのでもありません。

「物事に動じないし、怒りもしない。まるで、仏様のような人だ。きっと悟っているに違いない」と人から思われようと努力して、我慢や抑圧でそうしていると、固まってきます。

情報はどんどん流れていればいいのです。感情もどんどん流れればいいのです。それが、人間としての楽しみです。生きているということです。けっして石仏のように固まってはいけません。

ですから、思考のスタートとなる情報も、どんどん入って来ればいいのです。

ただ、その情報が頭の中で変に動かないように、上手に回せば良いだけです。

奇麗《きれい》なダイヤモンドを見ても奇麗だなと思うだけなら良いのです。欲しいと思うから苦しくなります。

思考が回ることが悪いことではありません。感情が発生することが悪いことではありません。楽しい感情や嬉しい感情ならＯＫです。

でも、回り方が悪いと悪い感情が発生します。気分が悪くなります。ですから、悪い気分になったときは自分の思考の回り方がまずいのだと気がつけば良いわけです。その観点からいえば、悪い気分になったことに気づければラッキーです。根本的な解決の糸口をつかんだといえるからです。

腹が立っている自分に気がついたらラッキーです。腹を立てている自分の思い方を変えられるからです。変えれば腹は立たなくなります。そうすると、穏《おだ》やかな幸せな気分に戻れます。

不運だと思っている自分に気がついたらラッキーです。不運だと思っている自分の思い方を変えられるからです。変えれば不運だとは思わなくなります。そうすると、幸せだと思えるようになります。

不幸な自分に気がついたらラッキーです。不幸だと思っている自分の思い方を変えられるからです。そうすると、幸せだと思えるようになります。

悟りを目指している人はこの思い方を練習してください。

「どの、思い方ですか。笑雲先生」

「気分が悪いときに、どうして気分が悪いのだろうという思い方」

「そんなのすぐにわかりますよ。あいつが俺《おれ》を馬鹿にしたからだとか」

「あはははは、そうじゃなくて、どうしてあいつが俺を馬鹿にしたら俺は気分が悪くなるのだろう。

どんな仕組みで自分は悪い気分を作っているのだろう。

心の回転の仕方のどこに問題があるのだろう。

と、自分の心の回転を調べようとする思い方だ」

「ああ、そうですか。なんだか面倒くさいですね」

「これは気づき方の修行だが、修行に楽な修行はないよ。修行だからね」

「一日中、ありがたいと思うのも大変ですね」

「ああ、感謝の修行ね。修行はなんでも大変だ。でも、必ず良いプレゼントが来るよ」


思い方を変えるだけです。

悪い気分にさせてくれたあんたが悪いというのは間違いです。

悪い気分になった豪華なダイヤモンドが悪いというのも間違いです。

悪い気分を作り出している自分の心の回転をどうにか直せば良いだけです。


その回転ですが、「取得」のところを制御するのは、お釈迦さまでも無理です。ですから、代わりにそのあとに続く「思い方」を工夫しましょう。「比較・保持・向上」の部分です。

行き過ぎをこうして止める

さて、「取得」のところを閉鎖するのは無理ですから、「比較・保持・向上」のところを工夫しましょう。この三つのうちの、まず「向上」について見てみましょう。

「向上」するためには、現状の認識と将来の目標が必要です。「理想」でもいいです。とにかく、どこからどこに向かうのかそれが必要です。

目標を定めて自分を叱咤激励《しったげきれい》し、人生を前進させていくことが悪いわけではありません。良いことです。

理想の自分を思い描いて、勉強に励んだり、仕事に励んだり。

でも、それが行きすぎると辛いばかりで幸せを感じることができなくなるのも事実です。なぜなら、理想に近づくためには努力を惜しまないで続行する必要がありますから、その努力を継続するために、「今の自分は理想にはほど遠いのだ。とても不幸な状態だ」と常に認識しているからです。

つまり、いつも「自分は不幸である」との思いが定着してしまいます。

こうなってくると、人生がつまらなくなります。苦しいばかりになります。行きすぎです。

さて、では、どうするか？

「行末《ゆくすえ》に宿をそことも定めねば　踏《ふ》み迷うべき道もなきかな」

「そもそも目標とする宿を定めなかったら、迷うということもないのだ」と一休さんが言っています。

これはすべての目標に当てはまります。良い学校に入りたい、お金持ちになりたい、社長さんになりたい、勲章が欲しい、みんなそうです。

もし、自分が立てた目標があまりに自分の人生で辛いものだったら、そのときは、目標が悪いのです。

目標を達成できない自分が悪いのではなく、そんな目標を立てた自分が悪いのです。ですから、遠慮せずにその目標を捨ててしまいましょう。

「ええっ、辛いからって目標をポイポイ捨てていたらいけませんよ」

「なぜだい、小松茸」

「だって、そんなことをしたら、今までの苦労はどうなるんですか」

「水の泡」

「そうですよ。もったいないじゃないですか」

「あははは、そうだね。だから、目標はなかなか捨てられない」

「そうですよ。捨ててはいけないと思います」

「もったいない」

「そうですよ。捨てるともったいない」

「いや、捨てないともったいない」

「えっ」

「つまらない目標にしばられていると、人生がもったいないぞ」

「……」

「あははは」

「(捨てるのがもったいないのか、捨てない方がもったいないのか。どっちなんだろう。どっちが得なのかしら……)」

「あははは、本当に小松茸はけちだなぁ」

「えっ、あははは」

けちでは目標は捨てられません。

けちでなければ捨てられます。

もし、本当にこの目標はいらない、捨てたいと思ったらうまい捨て方があります。「感謝」することです。

今の自分の状態に感謝します。今が満足できる状態だと頭が思えれば、遠いところに行くべき目標を立てなくても良いわけです。そう思っていないから目標をかかげているわけですから、「感謝」が十分できれば、目標は不要になるはずです。


「でも、どうやって感謝するんですか」

「そうだね。感謝は自然に思えるわけじゃないのだ」

「えっ」

「感謝ができるというのは修行なのだ。放っておくと頭は必ず向上を目指す。つまり自分の状態を不足、不満足と認定するわけだ」

「そうですか。でも、ときどき、ああ、ありがたいって感謝するときもありますよ」

「そうだね。そのように、自然に感謝するということは、頭が掲げた目標以上に事態が良い方向に進んで、思わず目標ラインを超えたときだ。それしかない」

「そうです。そして、ありがたい、神様のおかげだって思えますよ」

「そうだ。でも、それじゃ、めったに感謝する機会がない。予定外の果報が来たときだけだからな」

「そうですね」

「普通は、いつも向上をめざすことになる」

「まぁ、そうですね」

「だから、いつも感謝をしようと思うと、それなりの工夫が必要なのだ」

「といいますと……目標を定めないってことですか。でも、その不要な目標を何とか上手に落とすために感謝しようとしているんでしょ」

「あははは、そうだね。だから、単に感謝する。一直線に感謝する」

「一直線に？」


さて、どうやって一直線に感謝するか、それを言います。

頭はメカニカルに「取得・比較・保持・向上」と動いています。それは正確に間違いなく作動しています。でも、情報が正しいかどうかをチェックする機能は「取得・比較・保持・向上」の中にはありません。ですから、夢の情報でも幻想でも、いったんこのサイクルに入ってしまえば、そのあとは普通の情報と同じように回っていきます。

そこで、意識的に「満足している」という情報を流し込んでやります。そうすると、その情報にしたがって「取得・比較・保持・向上」が回転します。

そして、向上のところで、「満足しているのなら、向上は必要ないな」として、新しい情報を作り出すことはしません。思考の回転が止まります。

では、具体的にどうやって、満足しているという情報を流し込んでやるのかというと、簡単です。「ありがたい、ありがたい」と自分で言ってみればいいのです。

もう一度要点をいいますが、自分が「ありがたくない、不満だ」と思っていても、言葉では「ありがたい、本当にありがたい」と感謝します。

厳密に言えば「嘘《うそ》」かもしれません。でも、不満だと思っているのも自分が「思っているだけ」ですから、それも本当かどうかわかりません。思い方だけですから、変えようと思えばどちらにでも変えられます。

変えてみましょう。「ありがたい、ありがたい」と言ってみてください。ほかにも「守られている。安心だ。幸せだ」どんなことばでも良いです。肯定的なことばを言ってみてください。

余談ですが全部を肯定することを「大肯定」といいます。「感謝」は「大肯定の一種」ともいえます。

「感謝」のついた情報は、どんな情報も「取得・比較・保持・向上」のサイクルに入って向上のところでとまります。

とまると、不思議です。「本当にありがたいことだなぁ。貧乏とはいえ、なんとか食っていけるなぁ」と本当に感謝の気持ちに変わります。

コツは、ですから、仮にでもとにかく「ありがたい」と感謝することです。すると頭は実直に「取得・比較・保持・向上」の思考サイクルを回して、「そうか、ありがたいのか」と納得します。

これは、「向上」のところを制御する一つの方法です。一つの悟る方法です。具体的には一日中頭の中で「ありがたい、ありがたい」と唱《とな》えていれば良いわけです。

この方式で悟った人はたくさんいます。悟りにいたらなくても、この修行を少しするだけで、気分はすぐに快晴になりますし、病気が治ったり、良いプレゼントが届いたりします。

「ありがたい。ありがたい」と一日中感謝して過ごせばすぐにそうなります。

「ねぇ、ねぇ、笑雲先生」

「なんだい、小松茸」

「ありがたい、ありがたいと言っていたら本当に良いプレゼントが来るのですか」

「そうだよ」

「本当ですか」

「でも、強欲で疑り深い奴《やつ》には来ないよ」

「………」

「あははは」

「……くそっ、ありがたい、ありがたい……」

「あははは。すごい、できたじゃないか」

「あははは」


笑うと気分が良くなります。深刻なことや大切だと思っているところから頭が開放されるからです。

新しい回路が開けるからです。

笑って忘れそうでしたが、大切なことなので、もう一度言っておきます。

確かに「ありがたい、ありがたい」と一日中言うことが修行ですが、ポイントは、「ありがたい」と言った瞬間に、心のサイクルが微妙に変わる、その変化を感じて欲しいからです。その自分の心が微妙に変わることをぜんぜん認識しないで、何万回「ありがたい」を言っても、ほとんど効果はありません。

逆に、何かの弾《はず》みやきっかけを与えれば、心の回転は微妙に変化するのだというその注意深い視点が保持されているのなら、たとえ、深呼吸一つでも、無意識に言っている「ありがたい」よりは効果があります。

「ありがたい」は、心の回転を変化させるのに単に強力な「めくらまし」にしかすぎません。相撲の技に猫騙《ねこだま》しというのがありますが、それと同じです。一瞬心に不用意な衝撃を与えて、心がどう変化するか見ようという「手段」です。

「目的」は、心の動きを見ることです。観照《かんしょう》することです。観照者の立場に立つことです。心は機械なのだと分かる立場に立つことです。

ですから、実は、「ありがたいとはちっとも思えない時」に、「ありがたい」と何とか頑張って言ってみるのが、一番効果のあることなのです。心が全く逆の方向に向かされるからです。心に急ブレーキがかかるのが見て取れるからです。

とにかく、覚めていることができるようになるのが修行ですから、「ありがたい」がどんなに言えるようになったとしても、それが単なる習慣で言っているのであればほとんど何の効果もありません。

これは、どんな修行にもあてはまります。

修行する時は注意して下さい。

修行とは、何かを繰り返し、何回もすることですが、それが、単なる習慣になってしまうと、何の効果もありません。

逆に言うと、どんな修行も最初は誰にでも効果があります。でも、やがて慣れてくると効果がなくなります。本当の修行とは、慣れて来ても最初の効果を持続させることです。それが修行です。

それには、目的をしっかり自覚して置かなければなりません。

「先生が、『ありがたい』と言いなさいと言うから、言ってみた。確かに気分が変わって効果があった。でも、それだけだ。ちっとも悟れない」

ということになります。

そうではなくて、「ありがたいというのは手段だ。目的は心がどう変化するかを観ることだ。観照者の立場に立つことだ」と目的をはっきり自覚しておく必要があります。そうすると効果的な修行ができます。ちゃんと修行を続ければ、悟れます。

第5章

釈迦というういたずらもの

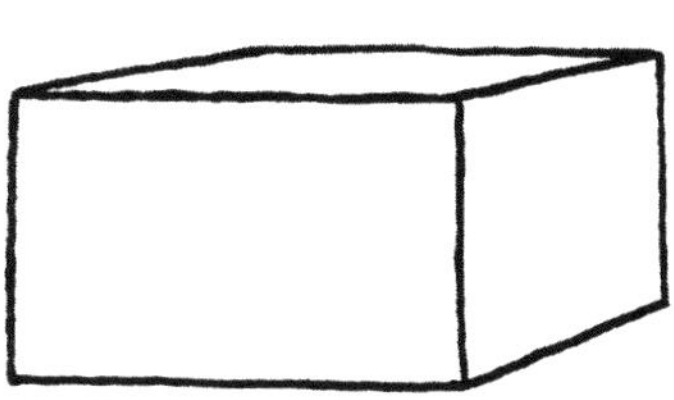

さて、この章では心を観照《かんしょう》したり制御するのに、どんな手段があるのかを、さらにみてみましょう。心を導くにはどうするか。その方法をあれやこれやお釈迦様はたくさん残しています。ありがたいことです。でも、全部ウソ（方便《ほうべん》）ですけど。

対機説法《たいきせっぽう》

悟ったあとの一休さんが、親しみをこめてこう言っています。

「釈迦といういたずら者が世に出でて　多くの者を迷わするかな」

意味は、

「まったく、お釈迦様はいいかげんなもんだ。でたらめばかりを言って、みんなを迷わせて。まったくなんていういたずら者だ」です。

でも、怒っているわけではありません。非難しているわけではありません。親しみを込めてちゃかしているのです。

悟れば、お釈迦様が言ったことはみんなでたらめだと分かります。お釈迦様自身も、「私は悟ったあと四十余年もしゃべり続けたが何一つ真実を言っていないよ（一字不説）」と告白しています。

一休さんもお釈迦様もいったい何が言いたいのでしょう。

「そうですよ、今から修行しようと思っているのに、いきなり、全部でたらめだなんて。修行する気が無くなるじゃないですか。いったいどうすればいいんですか」

「うん、そうだね。困ってしまうね。でもお釈迦様も一休さんも、私たちは、本当のことは何一つ言ってないから、私たちの話したことに騙《だま》されないように注意しなさいよって、鵜呑《うの》みにしちゃだめですよって警告しているわけだ」

「騙される？」

「騙されるで悪かったら、迷わされる」

「どういう意味ですか、良くわかりませんが。お釈迦様の言うことを聞くなということですか。話を良く聞きなさいと言ったり聞くなと言ったり」

「あははは、そうだね。じゃあ、真意を説明しよう。その説明をするために一つお釈迦さまのエピソードを話そう。役に立つからな。有名な『ケシの実』の話だ」

「ああ、それなら知ってますよ」

「そうか。では、小松茸が話してみなさい」

「はい」

「ケシの実」の話

そのころ、お釈迦さまは、毎日のように大勢の弟子を前に、道場で講義をしていました。

そんなある日。

弟子が困った顔をしてやって来ました。

「お釈迦さま」

「なんだい、困ったような顔をして」

「はい、お釈迦様、実は、ある婦人がどうしてもお釈迦様に会いたいと言い張って、帰らないのでございます」

「そうか、それで」

「ええ。ところがですね、その婦人は、めちゃくちゃ取り乱していまして……」

「ほう、それで」

「それで、死んだ自分の子のなきがらを抱えていまして、その子をお釈迦さまに生き返らせて欲しいと、このように言っているのでございます」

「ほう」

「お釈迦様の評判を聞いて、遠くからやって来たのだそうでございます」

「ふーむ」


ご存知のように、お釈迦様は奇跡はいっさい起こしていません。

例えば、お釈迦さまに会って病気が治ったというのも、塞《ふさ》いでいたその人の気分が変わるヒントをお釈迦様は与えただけです。そのヒントでその人が自分で考え方を変えて、そして気分が良くなったから、その副次的な結果として、病気も治ったのです。合理的な話です。説明のつくものです。奇跡ではありません。

でも、死んだ子を生き返らすことは誰にもできません。お釈迦様にも誰にも。


「ふーむ」

「どうしましょうか」

「ここに連れて来なさい。会ってみましょう」

「大丈夫でございますか」

「ああ」

やがて、子供のなきがらを抱えた婦人がやってきました。ケサゴタミー、呼び名をミヤータと言います。

お釈迦様はしばらく考えてから言いました。

「ミヤータ、分かりました。では、その子を生き返らせてあげましょう」

「えっ、本当ですか！」

ミヤータはやつれた顔をあげてお釈迦様を見上げました。まわりの弟子も驚いて見上げました。

「でも、ミヤータ、それにはあるものが必要です。それを町に行ってもらって来て下さい。なに、小さなケシの実一粒ですよ。

ただし、いいですか、ミヤータ、今まで死んだ人のいない家からもらって来て下さい。それでないと効果がありませんからね」

「分かりました。ケシの実一粒ですね」

「そうです」

ミヤータはさっそく町に出かけていって、かたっぱしから訪ねて回りました。

「あなたの家ではいままで、誰も死んだ人はいませんか。もし、そうなら、ケシの実一つ頂きたいのですが」

「残念ですが、先月おじいさんが死んだのです」

「そうですか」

「あなたの家ではいままで、誰も死んだ人はいませんか。もし、そうなら、ケシの実一つ頂きたいのですが」

「残念ですが、去年、赤ちゃんを亡くしまして……。でも、ケシの実ならさしあげますが」

「ありがとうございます。でも、けっこうです」

「そうですか」

弟を亡くした、お婆《ばあ》ちゃんをなくした、親を亡くした、子供をなくした……。

どの家もどの家も、身内の誰かが死んでいました。

身内が死んでいない家なんかありません。それでも、ミヤータはあきらめずに一軒一軒訪ねて歩きました。町のはずれまで来ましたがそれでも、探している家は見つかりません。

ミヤータは落胆して道端《みちばた》に座り込んでしまいました。そのとき、ミヤータは分かりました。

「そうなんだ。私だけではないのだ。みんな身内を亡くしている。

でも、みんなそれにも負けずに明るく生きている。それなのに、私は、子供の葬式もしてやらずに、自分の不幸を誰かのせいにして、あげくのはてに、お釈迦様に無理を言って、ああ、なんて情《なさ》けないんだろう。ああ、こんなんじゃ、あの子も浮かばれない。私がちゃんとしなければ……ああああ」


ミヤータはお釈迦さまのところに帰って深々と頭を下げていいました。

「どうも、ありがとうございました。おかげで正気に戻れました。無理を言ってすみませんでした。この子の葬式をちゃんとして、そして、私も元気に生きていきます」

ミヤータの目には涙があふれていました。

「そうか、そうか、それは良かった」

とお釈迦さまも嬉《うれ》しくて涙ぐんでしまいました。

ミヤータは何度もお礼を言いながら帰っていきました。

まわりの弟子たちもうんうんとうなずきながら、見送りました。

泣いている弟子もいました。

愛のこもった嘘《うそ》

「そうだね。小松茸。ミヤータは目が覚めたのだ。素晴らしい話じゃないか」

「笑雲先生。なんで小松茸にこの話をさせたのか分かりましたよ」

「ほう、分かったか」

「分かりました。ケシの実で生き返るなんて『嘘《うそ》』じゃないですか」

「そうだよ。嘘も方便《ほうべん》というからな。まぁ、方便はみな嘘だといった方が正しいけど」

「みんな嘘ですか」

「嘘でもいいじゃない。その人が落ち込んでいる地獄から抜け出せれば。嘘は嘘でも愛がいっぱい詰まった嘘だ」

「そうですね」


愛がいっぱいつまった嘘。

でも、注意してください。

お釈迦様は四十年の間、「嘘」という方便ばかり話してきました。その話は、どれも、ある特定の「個人」を救うためです。「全員」を救うのではありません。

あることで困っているその人をその状況下で救うためです。ですから、その人に合った話をします。

「対機説法《たいきせっぽう》」といいます。

ミヤータには、ミヤータに合った話をします。「ケシの実で生き返らせてあげよう」というわけです。他の人には嘘と分かっても導かれているミヤータには嘘とは思えないところが方便の仕組みです。ミヤータにも嘘だと思われたのでは方便になりません。

ですから、導かれるときは、いつも嘘を本当だと思って修行しているわけです。めでたくその修行を卒業すると、「なんだ、嘘だったのだ」という感想になりますが、そのときに「嘘を言ってけしからん」と怒る人はいません。

「嘘を言ってまでも、私を救おうとして下さって、本当にありがとうございました。お蔭《かげ》で、助かりました」と感謝することになります。

ミヤータの話なら、嘘だと分かりますが、「本を読んでも修行にはならないよ」と言ったり、「本はちゃんと読まないと修行にはならないよ」と言ったりします。

また、「悟ろうと思ってないと悟れないよ」と言ったり「悟ろうと思っているといつまでも悟れないよ」と逆のことでも、反対のことでも、矛盾《むじゅん》したことでも、何でもばんばん言います。

だから、どんな状況でそれが話されたのか、誰に話されたのか、どんな導きの効果を狙って話されたのか、それを理解していないと、混乱してしまいます。迷ってしまいます。

それで、

「釈迦といういたずら者が世に出でて　多くの者を迷わするかな」

という歌になるわけです。

一休さんは、お釈迦様を敬愛しています。

「まったく、こんなにたくさん、『愛のこもった嘘』を残してくれて、ありがとうさんよ」

という意味です。

また、同じことを、

「嘘《うそ》をつき地獄に落つるものならば　なき事作る釈迦《しゃか》いかがせん」

とも歌っています。

「うそつきは地獄に落ちるって話だから、嘘ばかり言っていた釈迦は地獄行き確実だね」って面白がって茶化《ちゃか》しています。

「一休さんって面白いですね。釈迦は地獄行きが確実だなんて」

「あはははは、本当にね。でも、一休さんは誰よりも、釈迦を理解して尊敬しているから、こんなことも言えるのだろうね。同じレベルに達しているってことだね」

「はぁ、なるほど」

「まぁ、悟れば見た目は違うが、みんな同じレベルになるんだけどね」

悟れば、みんな同じレベルになる。では悟った人と、まだこれからの人は、どこが違うのでしょうか。今度はそれを見てみよう。

違いは「迷い」があるかないかだけ

悟ると何か超能力でも得られるのでしょうか。物を透視したり、未来を予言したり、前世がわかったり、空中に浮遊できるのでしょうか。そんなことはありません。すべて常識の範囲です。

ただちょっと考え方が変わるだけです。そのちょっととは何でしょうか。

悟れば、お釈迦様も達磨も一休さんもみんな同じになります。まずその同じとはなんでしょう。

「思い入れば人もわが身もよそならず　心のほかに心なければ」

と一休さんも言っています。

悟った状態ではもう、自分というものが無いから、つまり、誰が悟っても同じ心になるわけだ。同じところに居るわけだ。釈迦も達磨も一休もみんな同じだという意味です。

「でも、小松茸、悟っても何も変わるわけではないよ。

悟っても生活は昨日と同じだよ。見た目にはまったく同じだ。

ただ、頭の中は違う。思考が一ミリたりとも暴走することはない。無意識に何かをしつづけることもない。

怒った振りをすることはできる。でも、無意識に怒りつづけることはもうない。

だから、まぁ、悟っても見た目はたいした違いはないのだ」

「たいした違いはない？　じゃぁ、少しの違いはある。それはどんな違いですか」

「うーん、そうだね。一休さんの歌にこんなのがある」

「一切の衆生と仏へだてなし　隔《へだ》つるものは迷い一念」

「悟った人と、悟ってない人の差は、ただ単に、『迷い』があるかどうかだけです。という意味だね」

「なるほど。でもねぇ。悟るとそう簡単に言えるんでしょうが、悟る前は何かものすごく違うような気がしますがね」

「そうだね。まぁ、そんなことに気を取られているより、修行の方が大切だね」

「ある程度知識が入ったらあとは実践だ。悟りは知識ではなくて体験だからね。変わる過程を勉強することじゃなくて、自分が変わることだからね」

「そうでしたね」

「だから、一休さんもお経ばかり勉強してても、それでは役に立たないよ、悟れないよって言ってるよ」

「はぁ、これですか」


「はしなくて雲の空へは上がるとも　瞿雲《くどん》の経を頼みばしすな」


「そうだね」

「はしごがなくても、雲は空にあがっていける。くどんというのは、お釈迦様のことですから、お釈迦様のお経なんかぜんぜん頼りにならないってことですよね」

「そうだ。もっと言えば、はしごがあると邪魔だって言ってる」

「あはははは、はしごを使って上がっていく雲はありませんね」

「あはははは」

「あはははは、じゃぁこの本ももう読むのはやめましょう」

「………」

「いや、読んで理解してから捨てましょう」

「そうそう。対機説法だからね。小松茸は、心の仕組みの勉強をしっかりしないと悟れないよ」

「というレベルに、小松茸はいるということですか」

「さぁ。どうかな。自分で調べたらいいね。悟るのは自分の力だからね。現在位置も自分で確かめられるようにならないと上手《うま》くないね。自分のレベルは、自分で知る。私は悟ったでしょうか、私はまだ、悟っていないでしょうか、なんて聞くのはおかしいね。ましてや、あなたは悟ってますっていうのは、まったく要らぬおせっかいだね」

「でも、どうやって自分のレベルを調べるんですか。どうやって?」

「例えば、この本は嘘ばかり書いてあると思えたら、もうこの本は卒業だ。

これも嘘、あれも嘘。だけど、ここにこんな愛がこもっている。そこにはこんな優しさが込めてある。すごいなぁ。とか。

ここのところも本当はこうじゃないのだけど、工夫してこう言っているのだなぁ。ご苦労なことだ。忍耐強いなぁ、笑雲先生も。えらいもんだって思えたら卒業だ。もう必要ない。

超えているからな。釈迦を嘘つきといえるようになったら、釈迦と同じレベルになったということだ」

「そうですね。方便が見えたら、そしてそれに感謝ができたら、自分のものになったってことですよね」

「そうだね。そうしたら、『この大嘘つき、まったくどうしてやろうか』って笑って言えるようになるのだ」

「あははは、なるほどね『この大嘘つき』ってね」

「あははは」

「すると、『四十年間、嘘しか話してないよ』というのが、また、大嘘だったりして……」

「あははは」

「あははは」

第6章　禅の修行のからくり

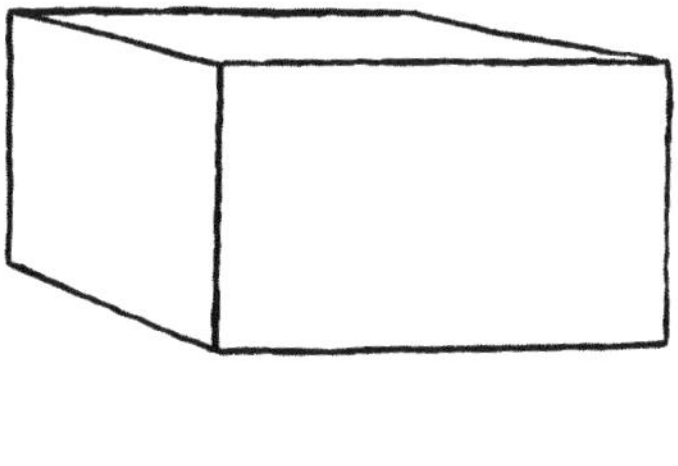

この章では修行の目指す方向を確認しておきましょう。悟ったあとの心の状態はどうなるのか、それを復習しておきます。

千代女の悟り

女性も男性も同じように悟れます。人類の歴史で、今まで男女どちらが悟った人が多いかというと、私はたぶん女性の方が多いのではないかと思います。

でも、悟ってもにこにこしているだけですと、誰もその人が悟っているとは分かりません。男性は、物事を論理的に考えたり説明したりするのが得意ですから、悟った人の何人かは一所懸命導く方の役割をしたりします。もちろん女性にもそのような世間に現れる奉仕をしている人もいます。

その一人に、千代女という人がいます。江戸時代、加賀の国の人です。

その人の歌に、

「とにかくに巧みし桶《おけ》の底ぬけて　水たまらねば月も宿らず」

というのがあります。悟ったときの歌です。その時のエピソードをお話します。

千代女のお話

千代女は何年も修行をしていましたが、悟れませんでした。

ある時、満月の夜に、井戸に水を汲《く》みに行く用がありました。

汲み上げた水を、満々と桶《おけ》に移しかえると、しばらくすると水の表面が静かになりました。

その水に満月が奇麗《きれい》に映《うつ》っています。

「ああ、私の心も、このように奇麗になって、あるものをあるがままに写したいものだ。

私の心の中の月はいつも、波立った水で歪《ゆが》んでいる。醜《みにく》いものだ。

いつになったら奇麗になるのかしら。ふー」

とため息をつきました。

すると、その微《かす》かな息の風でまた水の表面が、ゆらゆら揺れてしまいました。

「このように、すぐに乱れる」

千代女は桶の縁を爪でこんこんと弾《はじ》いてみました。

小さなさざ波が桶の水一杯に広がりました。千代女が指で弾いて振動させたからです。

やがて、静かになりました。また、奇麗な満月が写っています。

すると、突然小さな虫がその水の中にポトンと落ちて水面でもがいています。

「あら、あら」

また、月が乱れてしまいました。

千代女は、その虫を水と一緒にすくい出して、思いました。

「自分で、波立たせたり、風が波立たせたり、虫が波立たせたり。どうしたら、いつも、奇麗な月が写るのだろうか。波が立つのは仕方ないとすると、どうすればすぐに波が消えるようになるのかしら。じっとしていれば良い？　でも、じっとしていてもこのように色々と波立ってしまう。

これを、運ぼうとすると、桶の水はちゃぽんちゃぽんと揺れて、月を写すどころではない。怒りに狂ったり、嫉妬《しっと》に狂うとそうなるのだろう。心の乱れが止まらなくなる。だから、月の影はグチャグチャになってしまう。

ああ、本当に、どうすれば、月を乱さずに、奇麗に写し出すことができるのだろう。どうすれば、水を静かに保てるのだろう」

と思いながら、水の入ったその桶を持ち上げようとした、その時でした。

桶のたががずれて、桶の底も抜けて、中の水が全部、ばしゃーんとこぼれてしまいました。

「あらー、あっ、あっ、あっ、ああー」


その時、千代女は悟りました。

そして、

「うわっ、わっ、わっははは、あははははは、あはははは」

と、突然笑い始めました。


「み、水が無くなった。つ、月も無くなった。あははははは。何も無い」

肩の力が全部抜けました。

ふーっとため息をついて、そして、夜空を見上げました。

「月はある。本物の月だ。あははははは、決して乱れることは無い。

『自分という水』になんとか工夫して乱れないように月を写し出そうとしていたけれど、そもそも、自分という水がなければ、月も乱れようもないのだ。

自分を静かにする？

あはははは、無理な話だったのだ。
自分が居なければ、すべてはあるがままだ。
あはははは、自分が居なくてもみんな存在してるのだ。
という、自分も。
あはははは。なんてことだ。あはははは」

それで、作った歌が、

「とにかくに巧みし桶《おけ》の底ぬけて　水たまらねば月も宿らず」

です。

一休さんの悟り

一休さんも同じ意味のことを言っています。

「有無を乗する生死の海のあま小舟《おぶね》　そこ抜けて後有無もたまらず」

心を鏡のように平らにしなさいとか、心を無にしなさいとか、いろいろと修行をしますが、悟ると、一瞬にして、目指していた状態を超越して、水も鏡も、有りとか無いとかも全部消えてしまいます。

まるで、平らにしようとしていた、心の水そのものが無くなるようなものです。

まるで、舟に乗せていた整理すべき荷物が、底が抜けて全部海の底に消えるようなものです。

まるで、片付けなくてはならない食卓に載った食器類を、テーブルクロスで丸ごと包んで運び去るようなものです。

まるで、こんがらがったコンピュータやオーディオの配線を機器もろとも全部引き上げて、放り捨ててしまうようなものです。

とにかく、修行で目指していた状態を、遥《はる》かに突き抜けてしまいます。予想しなかった大展開にびっくりさせられます。

でも、大丈夫です。そのすぐ後に、奇麗な水が再び満杯になりますし、舟の底もすぐに元に戻ります。新しいピカピカのテーブルクロスも食器も戻って来ます。新品の機器も届きます。結局、まとめて、全部編成替えが行われたということです。「底抜け」といってもいいです。心の中のできごとです。

そっくり戻ってきますが、それらは、以前にあったものとは趣《おもむき》が違います。並び方が違います。

また、こちらの態度も違ってきます。少々問題が起こっても、あわてません。都合が悪くなれば、いつでも、何度でも、編成替えができるのだということを、知っているからです。

でも、最初の時の、その出来事がすごいので、千代女も、一休さんもこうして歌にして残しています。

「とにかくに巧みし桶《おけ》の底ぬけて　水たまらねば月も宿らず」

「有無を乗する生死の海のあま小舟《おぶね》　そこ抜けて後有無もたまらず」

この底抜け、編成替えは、修行をしていると、あるとき突然起こります。

何かのきっかけで起こったり、瞑想中に起こったりします。

自分で起こそうと思っても起こりませんが、起こりやすい状況に自分を持って行くことはできます。

例えば、水に手を入れてそれを水蒸気に変えようと努力してもできませんが、やかんの水を下から熱してやれば水は水蒸気に変わります。

これと同じで、直接変容しようとしても難しいですが、そうなりやすい状態に自分を追い込んでいくことはできます。それが修行です。

次は、その具体的な修行についてみていきましょう。

禅のはじまり

悟るという目的を掲げて、ひたすら科学的なアプローチをとっているのが、禅です。

禅はその心の動くさまを正確に見ようというところから始まります。観照といいますが、それが、禅の修行の方法の基本です。

次にはその観照を具体的にどうするのかをお話しします。

禅の方法は、お釈迦《しゃか》様から、摩訶迦葉《まかかしょう》へと伝わりました。

その後、達磨《だるま》がインドから中国に伝え、中国で大いに栄えました。また多くの宗派もできました。

日本には、栄西《えいさい》が臨済宗《りんざい》を、道元《どうげん》が曹洞宗《そうとう》を伝えています。

臨済宗とは、中国の臨済《りんざい》という人が始めたもので、悟るための修行に「公案《こうあん》」を使用します。

曹洞宗とは、やはり、中国の洞山良价《とうざんりょうかい》とその弟子曹山本寂《そうざんほんじゃく》によって始められたもので、悟るための修行には、公案は不要だといい、ひたすら何も考えないように黙想して座ることを重視します。

このように一方は、公案を使用し、一方は公案は不要だと言います。

「公案」とは、例えば、白隠和尚《はくいんおしょう》の考案した、「両手で手を叩《たた》くとパーンと音がなるが、片手でなる音とは？」という「隻手《せきしゅ》の音」というのが有名ですが、どれも、一般に「禅問答」と言われるような、難解なものばかりです。

さて、公案を使う、使わない、どちらが正しいのでしょう。

もともと一つの教えであったものが色々な派に分かれて行くのは、どの教えでもそうですが、伝える人の解釈に相違が出てくるからです。

それで、どちらも自分の方が正しくて、相手が間違っていると言います。聞いている方は、一体どちらが正しいのか分からなくなって来ます。

例えば、健康を維持するためには、毎日歩かなければならないと偉い先生が言ったとします。

これは、大変良い教えですし、実際健康になる人もどんどん出て来ますから、世界中に広まって行くとします。

あちこちにその教えを広める先生の道場ができます。

で、ある道場では、靴《くつ》を履《は》いて歩くのが正当だとされます。

また、ある道場では、裸足《はだし》で歩くのが正当だとされます。

そのうち、本当の教えの意味が分からなくなってくると、相手を非難したりします。裸足で歩くのは間違いだ、とか、靴を履くのは邪道だとか。

靴だけみれば、「履《は》く派」と「履《は》かない派」の真反対の「派」に分かれてしまいました。

その論争を聞いている私たちは、どちらが正しいのか混乱してしまいます。

でも、もし、最初の大先生が生きていたら、こう言います。

「どちらも正しい」

確かに靴を履けば足の裏が痛くなりませんから、長く歩けます。長く歩くと健康に良いわけです。だから、これも正しい。

また、確かに、裸足で歩くと、足の裏からの刺激は大きくなりますから、あちこちの足の裏のツボを押さえることになって、健康に良いわけです。だからこれも正しい。

「何も、喧嘩《けんか》をすることは無い。お前達が間違えたのは、本当の目的を忘れてしまったからだ。

歩くことが目的ではないよ。健康になることが目的じゃ。

歩くことはその一手段だ。

そうじゃないかな」

このように、最初の人から見ればどちらも正しいのです。

曹洞宗は、黙照禅《もくしょうぜん》と言って、何も考えずに座禅します。あるいは、何も考えない工夫をしながら、日常動作をしようとします。

臨済宗は、看話禅《かんなぜん》と言って、公案を考えながら座禅します。あるいは、公案を考えながら、日常動作をしようとします。

「考え」だけから言えば、一方は「頭」の中に「考え」を無くそうとしている派、もう一方は、「頭」の中を「考え」で満たそうとしている派の真反対に分かれてしまいました。

その議論を聞いている私たちは、どちらが正しいのか混乱してしまいます。

でも、最初の大先生が生きていたら、こう言うでしょうね。

「どちらも正しい」と。

ついでに、最初の大先生に話を続けて貰《もら》いましょう。

確かに、曹洞禅の言うとおり、「頭」の中の「考えを無くそうと」工夫することは、「自分の思考はどのように動いているのだろう、なぜ勝手にあちこち動き回って『新しい考え』を探し出してくるのだろう」と自分の思考の動き方を見る訓練、つまり、観照《かんしょう》の訓練になる。

だから、正しい。

また、臨済禅の言うとおり、「頭」の中の考えを「ある特定の考えで満たそう」と工夫することは、「自分の思考がどのように動いているのだろう、なぜ、あちこち勝手に動き回って『他の考え』を探し出して来るのだろう」と自分の思考の動き方を見る、つまり、観照の訓練になる。だから、これも正しい。

なにも、喧嘩《けんか》をすることは無い。お前たちが間違えたのは、本当の目的を忘れてしまったからだ。

考えを無くすことや、考えで一杯にすることが目的ではないよ。「自分の考えがどう動いているのか」を見ることが目的じゃ。

そう言うと、お前たちはまた、動き方を研究して、その制御の方法を習得することが最終目的だと勘違いしそうだから、言っておくけど、観照者になることが目的だよ。思考が動いているのをそれに巻き込まれないで、見ている人になれるということだよ。観照者になることが目的じゃ。

公案を考えるのも、何も考えないのもどちらも、その一手段だ。そうじゃないかな。

拈華微笑《ねんげみしょう》

さて、先ほど登場してくださったのは、ひょっとすると禅の創始者の摩訶迦葉《まかかしょう》先生かもしれません。

それでは、ここで、お釈迦様から、摩訶迦葉にその教えが伝わった時のことをお話ししましょう。禅が始まった時のことです。

その時のことを、「拈華微笑《ねんげみしょう》」といいますが、その時の状況は次のようなものです。

拈華微笑のお話

そのころ、お釈迦様は、王舎城《おうしゃじょう》の近くで毎日説法を続けていました。

そんなある日、多くの弟子を前にして説法をしていたお釈迦様が、花を一つ手に捧げ持ったまま、黙ってしまいました。

そばにあった、金波羅華《こんぱらげ》という花をひとつ、ひねり取ったものです。

ほとんどの弟子は、

「いったい何が始まるのだろう。これは何の意味だろう」

とびっくりしたまま身動きしません。

でも、頭の中は、大忙しです。

「これは、いったい何の説法だろう。昨日の復習かしら、ええと、昨日の講義は何だったたっけ。何か宿題があったっけ。分からないなぁ。いや、忘れてしまったのかな。花に関係があるものが、あったっけ。ええと、ええと……」

お釈迦さまは、相変わらず花を手に持ったままです。


わけの分からない弟子たちはみんなそわそわし始めました。

「あれ、隣の人も首をひねっている。ああ、前の人も。みんなも分からないみたいだな。でも、お釈迦様は、先ほどと同じ姿勢だ。まったく、いったい何を試そうとしているのだろう。奇麗《きれい》な花ですね、って言えばいいのだろうか。違うだろうなぁ。花瓶《かびん》を持って行けばほめて貰《もら》えるのかな。花瓶、花瓶。でも、水が近くにないぞ。それとも、花を採ってはいけないってことかしら。すると、花瓶を持って行くと怒られる。あるいは、花の命は短いってことかな。悟りの講義とどう関係があるのだろう。ああ、分からない、分からない。いったい何が始まっているのだろう」

と、弟子の頭の中では、ありとあらゆる考えが渦巻《うずま》いています。

その時、摩訶迦葉だけは、日ごろ言われていた教えを守っていました。
つまり、
「自分の頭が考えている様子を良く観察しなさい。
観照者の立場でいなさい」
というお釈迦さまの教えです。

摩訶迦葉も、花を見た時は、
「いったい何が始まるのだろう」
と思いましたが、
すぐに、
「ああ、私は今、花を見て『いったい何が始まるのだろう』と思って、そして、すぐにその
疑問（?）を解きに『頭』が走りそうになった。
もう少しで、危うく観照者の立場を忘れるところだった」

と、観照者の立場に戻りました。

「あっ、また、動き出そうとした。何か返答して、お釈迦様からほめて貰《もら》おうと思ったからだな。

やれやれ、本当に、『頭』というのは、何か気になることが現れると、すぐに追いかけてしまうのだなぁ、危ない、危ない。

でも、まぁ、上手《うま》く取り押さえたぞ」

と、花を見ることによって、さまざまに動こうとする自分の「頭」の挙動を静かに観照していると、やがて、摩訶迦葉の「頭」がしーんと静かになってきました。


その時、「ああ、そういうことか」と気づきました。

「お釈迦様は、『こういう教え方もあるぞって言っているんだな』。

あははは、確かに、そうだ。

現に、私は動き出そうとした思考という『牛』をこのように取り押さえることができたからな。

あははは、こういう教え方もあるんだ。面白い。

「あははは」

お釈迦様は笑い出しそうになっている摩訶迦葉を見て、ほほ笑みました。

「はい、この花は摩訶迦葉にあげよう。

摩訶迦葉、出て来て答えを言ってごらん」

摩訶迦葉は笑いをこらえながら、出てきましたが、とうとう、

「あははは」

と笑い出しました。

お釈迦さまが「答えを言ってごらん」と言ったのも、「花」と同じ仕掛けだと分かったからです。

摩訶迦葉は、おかしくて笑いが止まりません。

「あははははは、あはははははは」

「あはははは。そういうことじゃ。あはははは」

と、お釈迦様もおかしくて仕方ありません。膝《ひざ》を叩《たた》いて大笑いです。

他の弟子たちも、分からないままに、お釈迦様の大笑いにつられて大笑いです。会場中が大笑いになりました。

公案の仕掛け

「笑雲先生」

「なんだい、小松茸」

「花を見て、それで、観照者の立場にいる訓練になるのは、分かりました。意味不明な『花』が思考をスタートさせるってことでしょ」

「そうだ。情報が入れば、『頭』はすぐに、取得・比較・保持・向上と思考のサイクルを回し始める。思考がスタートしてぐるぐる回転し始めるわけだ。

そして、それが、意味不明であれば、思考は次々に回転して答えを探し出そうと止まることがない。だから、思考を観照しようという訓練に良い材料を提供することになる」

「そうですね。それは分かりますが、どうして、『答えを言ってごらん』がその同じ訓練になるのですか。小松茸にはよくわかりませんが。『花』と『答えを言ってごらん』はぜんぜん違うものだと思いますが。

それに、お釈迦様が『そういうことじゃ』と言ったのは、一体どういうことなんですか」

「ああ、ちょっと分かりにくかったか」

「ええ」

「そうか。やはり、これは、なかなか説明が難しいことじゃからな。だから、分かりにくいのだなぁ」

「これって、『言葉では説明できない真実の教え』なんでしょ。だから、道場に行って修行しなければ分からないものなのではないですか。貴重な秘法のようなものなんでしょう。口外してはいけない。一般の人には分からない」

「あはははは」

「何ですか、突然笑い出したりして」

「いや、小松茸、ごめん。『ちょっと言葉では説明できないもの』というのを、すぐにそんな風にとらえるのだなぁ。よし、じゃぁ、ちゃんと説明しよう」

「そうですよ。もったいぶらないで、説明してください」

「そうだね。秘法でもなんでもないからね」

「秘法ではないのですか」

「そうだ。いいかい、小松茸。

『花』と『答えを言ってごらん』は同じだ。

　また、『そういう事じゃ』と答えをあえて明言しなかったのは、お釈迦様と、摩訶迦葉の親切じゃ」

「笑ってごまかしたのが、親切？」

「そう、親切じゃ。仕掛けをばらしては、仕掛けにならんからな」

「仕掛け？」

「そう。だから、『花』も『答えを言ってごらん』も、同じ仕掛けじゃ」

「どう同じなのですか」

「あはははは、それは、言いたくないなぁ。あはははは」

「ああ、やっぱり、悟った人しか知らない秘法なんでしょう」

「いや、秘法じゃないが、でも、それを聞くと公案を使っての修行をやりにくくなる面もあるよ。できないことはないけどね」

「例えば、『隻手《せきしゅ》の音』とかですか」

「ああ、どの公案も仕掛けはみな同じだ」

深い意味があると思われている公案の仕掛けをここで言ってしまうと、公案を使っての修行は熱が入りにくくなります。ですから、公案の仕掛けを言うのは、ちょっと躊躇《ちゅうちょ》したくなります。

せっかく、多くの先達がその仕掛けを隠し続けて来ているものを、開陳《かいちん》していいものでしょうか。その点が、ちょっとひっかかるのです。

でも、生きて行くということは、昔も今も「公案」に満ちています。

ですから、観照者の立場に立とうとする修行は、いつでもどこでもできるわけです。

その意味では既製の公案だけを熟考することが、修行ではありません。

「公案」は探せばいくらでもあるからです。

また、公案の模範解答や、回答集なんかが出回るようですと、本来の公案の意味も無くなって来ているのでしょうから、その「言いにくい仕掛け」「口外しない前提の仕掛け」を言ってしまった方が害がないのかも知れません。

まだ、今のように情報文化が発達してなかった大昔は、お釈迦様の教えが日本に届くのに、千年近くもかかってしまいました。

また、紙や印刷技術も発達していませんでしたから、本になる情報というのは本当に価値のあるものだけでした。

ところが現代では、情報技術が飛躍的に発展したお蔭《かげ》で、情報はすぐに伝わります。地球の裏側からでも、瞬時に伝わります。素晴らしい進歩です。

また、本も毎年おびただしい数の出版がされています。良い情報も悪い情報もみんな本になります。

そうなってくると、刺激的な情報や、きわどい情報、間違った情報ほど、速く世界を回るようになってきます。なぜなら「頭」はいつも、そのような刺激的な情報を追いかけるからです。

ですから、公案の回答集が印刷されたり、また、それが、他の人に伝わったりするのです。

もちろん、誰が何を思って、何を書いてもＯＫです。

もちろん、言論の自由も、想像する自由も、発表する自由も、創作する自由もあります。

それを、非難しているわけではありません。想像力は宇宙の果てまで羽ばたかせればいいのです。本を書くのもインターネットで発表するのもみんな自由です。

ただ、情報を受ける方は、いろいろと注意が必要になってきます。今までになく、情報があふれているからです。


しかも、忙しい現代で、しかも、日常で修行して悟ろうとするためには、あらゆる不合理や不効率な修行は、時間のムダですから、しないようにしなければなりません。


「どういう意味ですか、笑雲先生」

「間違った修行をしては時間のムダだってことだ」

「それはそうですが、つまり、公案で修行するのが、間違った修行なんですか」

「いや、公案で修行するのは一つのやり方だ。間違ってはいない。しかし、回答集を暗記したりするのは、間違った修行じゃ。

公案は、考え続けることに意味があるのだ。その材料の一つとして、意味がある。でも、回答集は意味がない」

「自分で考えなくなるからですか」

「まぁ、そうだ。

先ほどの、小松茸の質問だが、『花』と『答えを言ってごらん』は同じ仕掛けじゃ。そして、どの『公案』も実は同じ仕掛けじゃ」

「だから、どう、同じなのですか。それを聞きたかったのです」

「特に、答えは無いのだ」

「答えはない？　それじゃ、答えになってませんよ。ちゃんと答えてください」

「答えてるよ。答えは『答えは無い』だ」

「うーん」

「いいかい。答えは無いが、ただ、『頭』の中に『?』が点灯するところが共通したポイントじゃ。それが、仕掛けじゃ」

「クエスチョン『?』が点灯する」

「そうだ。疑問が点灯する。すると『頭』が走り始める。

しかし、これという答えらしい答えは見つからない。それはそうだ。もともと答えなんか、無い。でも、『頭』は気の利いた答えを探そうとする。納得のできる答えを探そうとする。『頭』は、疑問符が点灯すると回答を見つけるまで、落ち着けないからだ。

思考が走り続ける。その走り続ける様を見て、自分が観照者の立場に立てるようにすることが修行の目的だ」

「そうですね」

「逆に言うと、思考が走り続けることのできる『公案』が優れた公案だ。すぐに、答えが出てしまって、思考の回転が止まってしまうと、思考を見る立場に立つ訓練の役に立たない。

これが、答えだろうか。いや、違う。あれが、答えだろうか。いや、違う。と、なかなか答えの出ないものの方が良いのだ。だから、良い公案とはすべて、無限に考え続けられるものだ。つまり、回答の無いものだ」

「『花』も回答は無いのですか」

「そうだ。単に『?』だ」

「『答えを言ってごらん』も確かに問いかけですから『?』ですね。そして『答えはない』。だけど、答えようとして思考が動く」

「どんな公案もそうだ。

『隻手の音』も、『犬に仏性はあるか』も。

この章の後に載せておくけど、

『太鼓《たいこ》がドンドンドン』も、

『お茶を一杯』も、『牛の尻尾《しっぽ》』も。

どの公案も、『頭』の中に思考を走らせるための『?・』を点灯させておくことにその仕掛けとしての意味がある」

「ふーん」

「だから、この公案を考えなさいと先生が言って、弟子がその答えを出してきても、どんな答えも違うわけだ。

だから、『お前の回答は違う、もう一度考えて来なさい』って追い返すわけだ」

「でも、公案を正解すると、次のさらに難しい公案を貰《もら》えるんじゃないのですか。新しい公案を貰ってどんどんレベルが上がっている人もいますが」

「あはははは、どうして、公案に正解がある?・」

「そうですね」

「回答を持って来た弟子を見て、先生はこう思うわけだ」

「どう思うのですか」

「このように正解を発見したと思い込んでしまうのであれば、この公案はこの弟子には役に立たなかったたな。

回答など無いのに、回答が出るというのは『?・』が消えたということだからな。『?・』が消えてはもうだめだ。思考が走らない。走らなければ観照の訓練には使えない。仕方ない、新しい公案を提供しよう」

「ええっ、それじゃ、どんどん新しい公案を貰っているのは、修行が進んでいるんじゃないってことですか！」

「ああ、単に失敗し続けているってことだけだ」

「あらーっ。失敗だなんて」

「あはははは。でも成功するためには公案は必要なんだ」

全体を手放す

「じゃぁ。笑雲先生、公案を考えていて、成功というのはどういうことなんですか」

「摩訶迦葉《まかかしょう》がやったのと同じことだ。それが、成功だ。

つまり、
思考を観照して、思考が走るのに巻き込まれないようにするということだ。そうすると、初めて、思考全体のばかばかしさに気づける。

公案を考えていることのばかばかしさに気づけるわけだ。

そうなったとき初めて、『？・』を手放せる。

思考が何も追いかけないから、『頭』の中が空っぽになる。シーンと静かになる。

思考が消える。

思考している自分が消える。

その手放し方を訓練するのが公案を熟考することだ」

「はぁ、でも、答えがあるのではないかと、答えを探そうとして熟考することはできますが、最初から答えなんかないと言われたら、答えを探そうとする気がしませんねぇ。

あーあ、

修行する気がしなくなった」

「あはははは」

「あはははは」

「だから、公案の仕掛けを言ってしまっては、修行にならないのだ。

ちゃんと修行している人には言わない方が親切なわけだ。

でもな、公案の回答集が出回って、それを暗記するようでは、もともと修行にはなっていない。と、いうか、時間と労力のムダなんだ。

つまり、回答することが目的ではないのだよ。思考が消え、思考している自分が消える、その過程を体得することが修行の目的なんだよ。

また、同じ仕組みで修行するにしても、現代は別の意味で日常に公案があふれているから、特にお寺に行って公案を貰《もら》わなくても考える題材は豊富にあふれている。大丈夫だ。

例えば、

部長があんなことを言っていたが、左遷されるのだろうかとか、

医者が精密検査をしましょうと言っていたが、自分は病気だろうかとか、

誰かがチョコレートをくれたが、気があるんだろうかとか、

株を少し持っているけど、為替相場はどうだろうかとか、

思考が走り始めるための『?』には事欠かない」

「あははは、日常でも思考はすぐに走り始める」

「そうだ。日常で観照の訓練は、その気になればいくらでもできる」

「で、その日常で修行するには、具体的にはなにをどうすればいいんですか」

日常のこころ構え

日常で観照しようと思えば、いくらでもその訓練はできます。

現代は、『?』があふれていますから観照の修行のテーマには事欠きません。

「で、笑雲先生、その日常で修行するには、なにをどうすればいいんですか」

「修行するこつだな」

「はい。観照者になるこつです」

「それは、『自分はいつも修行をしている。修行者だ』という意識を忘れないことだ。

修行のポイントは公案ではなくて、思考がどう走っているのかを刻々と見ることだからね。思考とは、『頭』が得た情報を、取得、比較、保持、向上することだが、そのサイクルの、どこで、どう推進力を増して、どう回転しているのか。この思考の一つ一つの動きをつぶさに観察することだからね。

それが修行だ。

だから、ポイントは、もう一度言うが、自分は今修行をしているのだというのを、片時も忘れないということだ」

「なるほど」

「例えば、今、修行をしているということを、いつもはっきり自覚していると、何かに腹が立っても、すぐに、おお、ありがたい、自分はまだ何か腹が立つという未知の仕組みを持っていた、これの解明ができるのでうれしい、新しいテーマだうれしいと思えるようになるぞ。

また、例えば、今、修行をしているということを、いつもはっきり自覚していると、何かを羨《うらや》ましいと思っても、すぐに、おお、ありがたい、自分はまだ何か羨ましいと思う未知の仕組みを持っていた、これの解明ができるのでうれしいと思えるようになるぞ。

また、例えば、今、修行をしているということを、いつもはっきり自覚していると、何かが心配でたまらなくなっても、すぐに、おお、ありがたい、自分はまだ何か心配をしすぎるという自分で制御できていない仕組みを持っていた、これの解明ができるのでうれしいと思えるようになるぞ。

感情や思考が無意識に動くことをどんどん解明して行くと、そのうちどんな思考も無意識では動かなくなるのだ」

心の観照の技術

「『修行者の立場で、ああうれしい、修行ができる』と思うのは分かりましたが、具体的には何をどう修行するのですか」

「どんなことでも、ああうれしい修行ができると思うのは、『感謝の修行』という。それだけでも相当程度の高い修行なのだが、
さらに、レベルを上げるには、こうする。

つまり、問題点に気がついたら次はそれを分析するわけだ。

具体的に細かく観照するわけだ。


例えば誰かに何かを言われて腹が立ったとする。

ええと、例えば、小松茸が誰かに『小松茸さんは、長らく修行をやっておられますが、いつまでも悟れませんね』と言われて、『くそっ、面白くない。自分だってそうじゃないか』などと腹が立ったとする」

「あはははは、腹が立ったとする」

「そう、それで、第一段階は、『おっ、腹が立ってうれしい。自分にはまだ、腹が立つものが残っていた。これの仕組みの究明ができるので、ラッキーだ』と、自分が腹を立てている状態に気づくことだ」

「そうですね。先ほどの第一段階、腹が立ってうれしい」

「そうだ。修行を進める材料を得てうれしい」

「そして、次は？」

「次は、具体的にその究明に行く。

普通腹が立つと、腹を立てているものの解消に向かうが、その方向に行くといつまでも悟れない。

例えば、誰かに馬鹿にされたら、相手を馬鹿に仕返すと、少しは気分が良くなるが、観照になっていない。自分の心を見るという工夫がされていない。

また、馬鹿にされないように、尊敬されるように、実際に色々努力したり、あるいはそう見えるように見せかけたりするのも方向が違う。それでは、観照の修行になっていない」

「あれっ、ちょっと待ってください。笑雲先生。

見せかけはいけないと思いますが、馬鹿にされまいとして、努力して修行するのも観照の修行になっていないんですか。

だったら、修行したら、修行になっていないってことですよ。だったら、何にもしないのが、修行ってことですか。

それって、笑雲先生、馬鹿にされても、何にもしないってことですよ。そしたら、ずーっと馬鹿にされたままですよ。

それに、修行もしないいんじゃ、ぜんぜん前進しないじゃないですか」

「あはははは」

「何がおかしいんですか」

「だから、小松茸。具体的にその究明に行くわけだ。

それが第二段階だ。レベル二だ」

「ああ、分かりました。じゃぁ、こう思うのですか。

例えば『何で、こいつは俺《おれ》を馬鹿にするんだ。なぜなのだ』

と究明に行く。そして、

『後輩のくせして。礼儀ってものを知らないのだな。まったく礼儀知らずもはなはだしい』

と原因を見つける。そして、

『いったいどんな教育を受けてきたんだ。そんなことじゃ、お前だっていつまでも悟れないぞ。先輩だから親切に言ってやるが、人を馬鹿にする奴《やつ》は、絶対に悟れないのだ。分かったか、この馬鹿』と指導する」

「あははは、親切にね」

「そうですよ」

「いいかい、小松茸」

「はい」

「なぜ、腹が立つのかを究明することが、第二レベルだが、究明する対象を間違えては修行にならない。相手の生い立ちや学習レベルを究明しても何にもならない。究明すべきは、自分の心だ。

なぜ、『私は腹を立てる仕組みを稼働させたのだろうか』だ」

「だから、『馬鹿にされたから』でしょ。馬鹿にされなかったら、腹は立たないのだから、腹の立った理由は馬鹿にされたからに決まっているじゃないですか」

「うん、そこまでは合っている」

「ねっ、間違いじゃないでしょ。だったら、次に、『どうして』になるんでしょ。だったら『どうして先輩を馬鹿にするのだ』に行くのは当然じゃないですか。

そして、その原因を探す。

例えば、日頃から先輩を尊敬する態度がまったく無い。自分の方が偉《えら》いと思っている。態度がでかい。礼儀とか常識の無いところがある。まったく人を馬鹿にして良いと思っている

「はぁ……」

「小松茸は、どうしてもそっちに行ってしまうなぁ。そうじゃなくて、『どうして自分は腹が立ってしまうのだろう』だ。自分の中の問題に向かうのだ」

「はい」

「なぁ、小松茸」

のか、くそっ」

(どうして自分は、腹が立ってしまうのだろうというのを、先生から自分の中の問題として考えなさいと言われたぞ。

相手がいくら悪いといっても腹を立ててはいけないのだ。

だから、腹を立てないようにすれば良いのだ。

それが修行なのだ。

相手が言っていることを聞くと腹が立つのだから、聞かなければ良いのだろう。

そうだ、徹底的に無視すれば良いのだ。

『ふん、お前が何を言ってもちっとも聞く耳を持ちませんよ。

ぜんぜん聞こえてませんよ』って。

聞こえないいんだから、だから、何を言ってもちっとも腹が立たない。)

ね、先生、そうでしょう」

「なにが?」

「だから、馬鹿にされても聞かないようにする。無視する」

「そっちの方向に行ってはいけない。自分の問題に向かうのには、まず、自分のありのままの状態を認めることだ。自分自身を正確に認識することだ。自分をそのまま見ることだ。でも、それはなかなか辛《つら》い。だから、今小松茸が行ったように、相手の言葉を無視する方向に走る。でもそれは間違いだ。そっちの方向に行ってはいけない」

「無視してはいけないのですね」

「そうだ」

「じゃぁ、無視しないで、一応相手の意見は聞いて、それで怒らないようにするには、ええと、そうだ。

『お前の言っていることは違う。的を射ていない。間違いだ』って言えば良いのだ。そうすると、間違ったことを言われて腹が立っているんだから、それを訂正して貰《もら》えば良いだけだ。

『こら、小松茸を馬鹿にするのは間違っている。だから、訂正しなさい』

つまり、

『こら、人を馬鹿にするな』だ。

『人を馬鹿にするとゆるさんぞ』の方がもっと強力だ」

「ウーン、小松茸。それも間違いじゃ。『拒否』や『非難』に行ってはいけない。それでは、正しい修行ができない」

「そうですか。無視してもいけないし、拒否してもいけない、非難してもいけない」

「そうだ」

「だったら、ええと、馬鹿にされても取り合わなければ良いのだ。何か忙しくしていて、『ああ、そんなことで怒ってる暇《ひま》はないや』って。たとえば、パチンコをしているとか、競馬や、競輪に熱中していると、怒っている暇は無い。だから、いつも何かに熱中していれば良いのだ。でもパチンコも近ごろちっとも儲《もう》からないし。ああそうだ、株にしようかしら。少額でも始められるって言うから」

「あははは、小松茸。それも間違いじゃ。それは逃避だ。自分の姿をはっきり見ようというのから逃げていることじゃ。逃げてはいけない」

「そうですか。では、どうするか。

ええと、『無視』も『拒否』も『非難』も『逃避』もいけないのですね」

「そうだ。そっちの方向に行くと、修行が始まらない」

「そうですか。では、ええと、なぜ自分は腹が立つのか。

　そうか、正確にずばりと指摘されたから腹が立ったと思ったけれど、そうではなくて、ええと、たぶん人違いだったのだ。ここでは皆同じような服を着ているから、きっと誰か他の人のことを言っていたのだろう。なんだ、そうか、修行してもなかなか悟れない人は一杯いるからな。自分のことじゃなくて、たぶん誰か他の先輩か、誰かのことなのだろう。あははは、人違いかぁ」

「あのなぁ、小松茸。ここには人違いするほど弟子はいないよ。そう言うのを『ごまかし』と言う。ごまかしてもいけない」

「そうですか。『無視』も『拒否』も『非難』も『逃避』も『ごまかし』もいけないのですね」

「そうだ。いいかい、小松茸。自分がなぜ腹が立つのかという題材で、自分の心を観照しようとしているのに、外に向かって行ってはいけない。つまり、『無視』したり、『拒否』したり、『非難』したりしてはいけない。例えば、『非難』がさらに進むと、攻撃になり、敵視になり、復讐《ふくしゅう》になる。

間違いだ。

また、『逃避』したり、『ごまかし』たりしてもいけない。それらをさらに進めると、ますます自分が混乱する。ひどい場合は自分で自分を破壊するようになる。

観照するには、まず、自分のありのままを認めることが必要なのに、それをしないで、すぐに外に向かって、何かの思考を走らせてはいけない。

でも、普通、『頭』はそっちの方向に走りやすい。それは広くて入りやすい門だからだ。

しかし、本当の修行は、狭《せま》くて入りにくい門の方だ」

「どの、門ですか」

「だから、自分の中心に向かう門だ。『なぜ、自分は腹を立てるのだろうか』だ。自分の中で、何がどう動くことによって腹が立つという現象になっているのだろうかだ。取得、比較、保持、向上の各サイクルの動きの観照だ」

「そんなことを言われたって、気がついたら、もう腹が立っているんですから、ムリですよ。どう動いて腹が立つのかなんて、見られませんよ。いったい、どうやって見るんですか。できるんだったら、はっきり教えてくださいよ。まったく、できないことをやれ、やれって言われてもできないものは、できないんですから」

「あははは、もう一つ忘れていた」

「何ですか」

「『反抗』も間違った方向だ。しかし、小松茸はすごい」

「何が、すごいんですか」

「ああ、だから、間違った方向がもれ無くでてきた。

『無視』『拒否』『非難』『逃避』『ごまかし』、それに『反抗』だ。

大したもんだ。全部出てきた。これはみんなの参考になる。偉いもんだ」

「えへへへへ、そうでもないですけど」

「誉《ほ》めてるわけじゃない。感心してるだけだ」

「まぁ、そうでしょうね」


悟りを外に求めて行くとどこまでも遠くに行ってしまいます。悟りは自分自身に向かわなければなりません。

外に向かうのは広い門ですが、滅《ほろ》びの門です。

内に向かうのは狭い門ですが、悟りへの門です。

狭い門から入らなければなりません。

一休さんも同じことを言っています。

「阿弥陀仏《あみだぶつ》悟《さと》れば即ち去此不遠《こしふおん》　迷えば遥《はる》か西にこそあれ」

悟れば仏はここに居るとわかりますが、迷えば遥か西のかなたまで行っても会えません。

つまり、仏を外に求めても会えませんよ。仏を求めるのは自分の中ですよと言っているわけです。

狭き門から入る

「小松茸、本題に戻ろう」

「はい」

「いいかい、小松茸。修行のポイントは、いつも修行していると思っていることだが、具体的には、自分の心を観照し続けることだ。

そして、観照するためには、心が外に向かうのではなく、内に向かって行かなければならない」

「そうですね」

「『無視』も『拒否』も『非難』や『攻撃』も、『逃避』『ごまかし』『反抗』も間違いだ。道徳的に行けませんよと言っているわけではない。人生を生きて行く上で間違いだと言っているわけではない。

現実の人生を生きて行くためには、相手もあることだから、それらのことを実施する必要がある場合もある。狼からは逃げなくてはならない。間違って税金を請求されたら拒否しなければならない。不当な強制をされたら、反抗も必要だ。

だが、悟りという目的に対しては、それらの方向に心が行くことは間違いだ。その方向は入りやすい広い門ではあるが、滅びの門だ。間違いだ。行き着く先には、悟りは無い。

あくまで、心の中に入って行くのが正解だ。

入りにくいけれど、狭い方の門から入るのが正解だ」

「なんとなく、分かりますが、具体的に狭い門から入るというのはどうするのですか」

「心を観照するのが目的だから、心が動いたらすぐに、どうしてそのように動いたのだろうと、その方向に意識を向けるわけだ。

『なかなか悟れませんね』と言われて腹が立つのも『つまみ食いをして、しかられて腹が立つ』のも題材としては同じだ。単なる題材だ。その題材を追いかけてはいけない。追いかけるのは、その題材で動いた自分の心の方だ」

「つまみ食いをして叱《しか》られても腹は立ちませんよ」

「そうか。じゃぁ、その腹が立たないのも、題材としては同じだ」

「どう、同じなのですか」

「だから、心を観照する材料になる。『どうして自分は腹が立ったり、立たなかったりしてしまうのだろう』といつもいつも、常に自分の中の問題に向かうのだ」

「はぁ……」

腹を立てる自由

「どうも、まだ、良く分かっていないと見えるな。

ええと、
例えば、小松茸はパチンコで良く損をするのを人から馬鹿にされたら、腹が立つかい」

「いいえ、あれは単なる確率ですからね。腹は立ちませんよ」

「じゃぁ、ええと、小松茸は、一〇〇メートル競走で一〇秒台で走れないことを人から馬鹿にされて、腹が立つかい」

「いいえ、オリンピックの選手じゃないんだから、そんなの走れなくて当然です。腹は立ちません」

「ええと、じゃぁ、小松茸はピアノが上手に弾《ひ》けないことを誰かから馬鹿にされて、腹が立つかい」

「いいえ、ピアノは習ったこともありませんし、うまく弾けないのは当然です。腹は立ちません」

「じゃぁ、小松茸が自分の手が汚れているのを知らないで、誰かの本を汚したとする。それでしかられたとする。腹が立つかい」

「自分が悪いんじゃ仕方ないですね。謝《あやま》りはしても腹は立ちません」

「では、窓際で本を読んでいると、蝶々《ちょうちょう》が読みかけの本のページにそっと止まってしばらく休んでいた。小松茸は腹が立つかい」

「立ちませんね。静かに飛び去るまで待っていると思います」

「では、もう一つ。小松茸は、『後輩から、先輩はなかなか悟れませんね』と言われたら腹が立つかい」

「ええと……」

「そうだね。そのように考えなくてはいけない。『腹を立てる自由も、腹を立てない自由も自分にはある』、それなのになぜ、私は腹を立てる方を選ぶのだろうか、とね」

「どうしてですか」

「さぁ、どうしてかな。

それを自分で考えるのが修行じゃ。どんな感情や気分や思考が起こっても、どうしてそれが起こるんだろうと、自分のそれを起こすメカニズムを解明しようとすることが大切じゃ。それが観照の訓練じゃ」

「そうですか。『なぜ、腹が立つのだろう』ですね」

「そうだ。そう考えるのが、第二の段階だ」

「うーん、でも、なぜ、腹が立つんだろう」

「では、小松茸。

ええと、そうだね。

例えば、うるさいハエが、追っても追っても、何度も鼻の頭にとまるとする。叩《たた》きつぶそうとするが、素早く逃げる。部屋から追い出そうと、窓を開けてハエを追い回すが出ていかない。そして隙《すき》を見て鼻の頭にとまる。それを両目でにらみつけて眼力で落とそうとするが、相手は手や足を擦《す》り合わせてのんびり手入れをしている。よし、油断している今だと、両手で挟《はさ》むようにパチンと鼻の上を叩《たた》くが敵はすっと逃げてしまう。このようなハエに小松茸は腹が立つかい」

「あははははは、笑雲先生見てましたね。本当にうるさいハエだった。ほんとうに腹が立つったらありゃしない。でも、最後はやっつけましたがね」

「あはははは」

自分の心を見る。自分の心の動き方を見る。

入りにくい狭い門ですが、悟りに至る正しい門です。

その門に入るやりかたをもう少し復習しておきましょう。

もし、何かのことで腹が立ったら、腹を立てさせられた相手や事柄に向かうのでなく、どうして、自分は腹が立つのだろうと、自分の心の動きを見ましょう。そっちに向かいます。

もし、何かを欲しいと思ったら、便利だからとか掘り出し物だからとか、安いからだとか、外に理由を求めないで、どうして、自分はそれを欲しいと思うのだろうと、自分の心の動きを見ましょう。

もし、誰かのことを羨《うらや》ましいと思ったら、お金持ちだからとか、才能があるからとか、心を外に向けないで、どうして自分はそのことを羨ましいと思うのだろうかと自分の心の動きを見ましょう。

ちょっと練習しておきましょう。


「小松茸、ちょっと暑いが、どうして」

「夏だからでしょ。それに、クーラーが古くてもう効かないんですよ。だからさっきクーラーを切って窓を開けたんじゃないですか。まったく」

「小松茸、ちょっと暑いが、どうして」

「どうしてって、小松茸も暑いんですから、笑雲先生も我慢《がまん》してくださいよ。窓を開けても風もないし」

「小松茸、ちょっと暑いが、どうして暑いと思うのだろう」

「そんなの、暑いからでしょ。暑いから暑いに決まってます」

「ウーン、それじゃ、練習にならないなぁ」

「はぁ？　これも修行なんですか」

「そうだ、もう一度、言おう。どうして暑いんだろう。つまり、どうして自分は暑いと思うのだろうと考える」

「はぁ、そういうふうに考えるんですか」

「そうだ。クーラーが切れてるとか、風がないからだとかは、外の理由だ。内なる理由を見つける。というか、どうして暑いと思うのかそれを観照する」

「はぁ」

「具体的には例えばこうする。

なぜ、自分は暑いと今思っているのだろうか。

とまず、自分の方に疑問をむける。そして、自分の中のそう思う思い方を見てみる。

なぜだろう。気温が暑くなると、体が熱くなる。体には一定の温度に保ちたい欲がある。

それが満たされていないので、暑いという信号が脳に送られる。情報を取得したわけだ」

「はぁ」

「外部情報の取得だ。だから、暑いと判断する。そして、どうにかしなければならないと脳は考える。つまり、あるべき姿と比較したわけだ。

そして、以前保持してあった情報を引き出して、肉体を守って行こうとしているわけだ。

つまり事態の改善をめざす。そのように考えるわけだ。つまり、向上をめざす。

そして、汗をかくとなんとかして、その持っている肉体のメカニズムを働かせる。それでも間に合わないので、また、サイクルがぐるっと回って、まだ暑いという感覚になるわけだ。

情報の再取得だな。

こういう風に自分の中で思考がつぎつぎに動いている様子を見るわけだ」

「はぁ、まぁ、そうでしょうが、めんどうくさいですね」

「最初は、めんどうくさいだろうが、慣れるとそうでもなくなるぞ」


最初はめんどうくさくても、頑張ってそう見る練習をしてください。

簡単なのは、肉体の欲から思考が走るものです。それを観照してください。

慣れてくると、概念的な欲から思考が走るのも観照の対象にしましょう。

肉体の欲は満足させてやれば、消えますが、概念の欲は満足というのは自分で設定しないと消えません。その仕組みも分かってくるはずです。

もう一つやってみましょう。今度は概念の欲のほうです。

「小松茸、友達が、宝くじ百万円に当たったとする。羨《うらや》ましいと思う。

こんどは、これでやってみよう。練習だ。

小松茸、どうして羨ましいと思うのか」

「はい、自分の方を考えるのですね」

「そうだ」

「自分も百万円欲しいからです」

「そうだね。で？」

「えっ、それだけですよ。百万円欲しい」

「だから、どうして欲しいと思うのか？」

「えっ、誰でも欲しいって思うでしょ。笑雲先生は思わないのですか」

「人のことはいいの。自分のこと、自分のこと」

「ああ、自分のことですね。どうして百万円欲しいと思うのか。うーん、一万円でも欲しいと思いますから百万円だともっと欲しいになりますね。当然」

「羨ましいも含めて、どんな悪い感情も、すべて、欲が満たされていないから発生しているのだが、観照するというのは、言葉をかえれば、結局、自分の満たされない欲を見ることと同じだ」

「だから、百万円欲しい」

「まぁ、そうだがね。これはちょっと難しかった。いきなりお金でやるのは問題があった」

「なぜですか」

「お金が欲しいというのは、お金で買えるあらゆる物や、サービスや、機会や、情報などが含まれているからね。だから、いろいろな物欲や、名誉欲や安全欲や、はたまた、肉体の欲である食欲まで、なんでもそれが代替しているからね。

だから、非常に分かりにくいね。お金が欲しいのも上達するとすぐに分析できるようになるが、最初からはちょっと難しいね」

「そうですか。金銭欲という一つの欲ではないということですか」

「そうだね。あらゆる欲が込められやすい欲だからね。複雑だ。もっと簡単なのにしよう」

「はい」


「ええと、例えば、小松茸が近道をしようとして木戸《きど》を開けようとしたら内側から鍵がかかっていたとする。

『くそっ、ここが通れたらすぐに表に出られるのに、しまっている。ぐるっと本堂を一周しなくちゃならない。まったく、だれが鍵をかけたんだ』とね」

「あはははは」

「これでやってみよう。どうして、腹が立つのだろうか」

「はい。どうして腹が立つのかを観照する」

「そう、観照する」

「ええと、まず、誰かが鍵をかけて通れなくしたから腹が立つのです」

「まぁ、そうだが、それは広い方の門。狭い方の門は？」

「狭い方の門ですか。そこは鍵がかかってます」

「小松茸！」

「はい、すいません。狭い方の門ですね。ええと、自分の心の動きを見る」

「そうだ」

「鍵がかかっているので通れないと分かった。すると、ムカッと腹が立ったのです」

「だから、どう、ムカッと腹が立ったの」

「くそっと、です」

「そりゃ、同じだ。そうではなくて、どうして腹が立ったのか」

「通りたいのに通れなくなっているからですよ」

「そうだね。でも、普通はいつもそこに鍵がかかっているとしたらどうだ。腹が立つかい」

「立ちませんね。いつもは開いてるのに、小松茸に断りもなく鍵をかけたやつがいるから腹が立つんです」

「ほら、また、広い方の門に行った」

「あれ、そうですか」

「そうだよ。腹が立つのを人のせいにしていては、自分の心を観照できない。観照すべきは、自分の心だ。そうすることに抵抗があるのは、腹を立てることを非難されていると思っているからかも知れない。

しかし、小松茸、腹が立っても何も問題ではないのだよ。腹を立てるのを悪いことだと非難しているわけでもない。

ただ、せっかく腹が立ったのだ。どのようにして腹が立ったのか、それを観照できれば、良い修行になる。

だから、自分はどうして腹が立つのだろうと考えなくてはいけない」

「はい。そうでしたね。

どうして、自分は腹が立つのだろう。

鍵がかかっていた。取っ手をがたがたと引っ張ってみたが、開かなかった。それもそのはずだ。鍵だけでなく、針金でもご丁寧にしばってあった。まったく」

「あはははは、鍵だけじゃ壊《こわ》されるからな」

「それで、くそっ、頭に来た。そうだ、腹が立つ前に頭にきた。ねっ、笑雲先生、先に頭にきたんです」

「あのな、小松茸、それじゃ、同じだよ。頭にくるのも、腹が立つのも、怒るのも、くそっと思うのも、みんな怒りが起こったときの状態を表している。そうではなくて、なぜ、怒りが起こったかじゃ」

「さぁ、どうしてでしょうね。気がついたらもう、くそって思ってましたからね。のんびり怒っていたわけじゃないですから」

「それは、そうだ。のんびり怒る人はいない」

「ねっ、だったら、どうして、自分が怒るのかを見ることができるんですか。ムリでしょ。だから、怒ってもそれを表に出さないように、心の中で『ふん』と言って涼しい顔をして本堂を一周回ればいいんでしょ。そうするのが優れた修行なのじゃないですか。そして、それが上達すると、どんなに怒っていても、いつも涼しい顔をしていられる。そうすると、小松茸さんもいよいよ修行がお進みになられましたねってみんなから誉められる。ねっ、そうじゃないんですか」

「あのな、小松茸。我慢《がまん》ができるようになることが修行ではないよ。それは間違った方向だ」

「えっ、これも間違っているんですか」

「怒りを表に出さないように我慢ができるようになることは、確かに良いことだ。成長だ。大人になることだ。社会人としてのエチケットだ。

でも、悟りとは違う。悟りは、怒りを根本的に見ることだ。根源を確かめることだ。すると、怒りは怒りではなくなる。変容する。姿を変える。深い理解になる。すると笑える。怒りは消えている」

「消えると我慢しなくても良くなるってことですか」

「消さないでおくこともできる。自在だ。好きにすれば良いのだ」

「だったら、怒ってもいいじゃないですか。くそっ、だれだ、鍵をかけたのはって」

「おう、そうだった。それをもう少し進めてごらん。鍵をかけられたらどうなるのだ」

「本堂を一周しなければならないのですよ」

「そうだね。一周しなければならないとすると、どうなる」

「どうなるって？」

「一周するには、何が必要かい」

「歩くことですか？」

「そうだね。それには何が必要かい」

「歩くには何が必要か？」

「そう」

「二本の足ですか」

「それと？」

「さぁ」

「エネルギーが必要じゃな」

「カロリーのことですか」

「そう。両足を動かすエネルギーじゃ」

「それが、怒りとどう関係あるんですか」

「おおありじゃ。怒りとは即効的なエネルギーの充塡《じゅうてん》作業だからな」

「えっ、良く分かりませんが」

「ああ、じゃぁ、説明しよう。

鍵がかかっていると認識してもその時点では怒りは発生していない。

ところが、これでは本堂を一周しなければならないと頭は思う。予期せぬ展開だ。そう思ったら、頭はすぐに必要なエネルギーの補充の準備を始める。それは、すばらしいメカニズムだ。高等動物ほどすばやく対応できる。酸素の供給を多くして、血管を流れる血液を多くする。具体的には、胃腸を収縮させて血液を回収し、心臓を早く動かして、呼吸も早くする。つまりそれが怒りじゃ」

「そんな、胃腸を収縮させようなんて思ってませんよ」

「うん、そうだね。それは自動的に行われるから、頭がそう指令を出しているのは分かりにくい。ただ、本堂を一周しなければならないと考えた直後から、怒りが立ちあがったことを冷静に観照できれば上等だ」

「なるほど。じゃぁ、人に対して怒りが発生するのはなぜですか」

「それも同じだ。その人に対して何か力を加えようとしているからだ。叱《しか》ったり、教育しようとしたり、仕返ししようとしたり……。そのエネルギーを作っている」

「ふーん、じゃぁ、観照というのは、どの時点で感情が動き始めるのかを見るのがまず先決ですね」

「そうだね。その微妙なポイントがわかるようになると、あとは、芋《いも》づる式に心の動きがわかってくる。だから、小松茸のいうように、感情の立ちあがりのポイントをしっかり押さえるのが早道だね。

取得した情報がどのようにして、頭の中で回ってそれがどのように判断されるのか、そしてそれがどのような次なる動きを起こしているのか。それを常に見守ることが観照の修行だ。ひと言でいうと欲を見るってことだけど」

「なるほど」

「常に、そう思っていることだ。常に覚《さ》めていることだ。いいかい、小松茸」

「はい」

「では、小松茸、えーと」

「はい」

「そろそろ、おなかが、すいたから、飯に、する、かい」

「うーん、は、はい」

「あはははは、今のが簡単で良かった」

「はい、簡単でした。頭は自分も空腹かどうか、すぐにチェックしていました。あはははは」


自分の心を観照する練習をする時にちょっと間違いやすいことがありますので、注意しておきます。

食欲とかの肉体的な欲は良く見えますから、それを発見する練習には適しています。が、肉体的な欲は、それを消すことはできません。

ですから、それを我慢したり、無視したりしないようにしてください。

食欲や、睡眠欲は、欲としては見えやすいですが、それを解消するのは、その欲を満たしてやること以外にありません。

それを我慢したり、消そうとしたりする修行は自分の体を傷めるだけです。「我慢」を決して修行の対象にしないでください。この点を注意してください。

肉体をコントロールするのが修行の目的ではありません。暴走しやすい頭をコントロールするのが目的です。

そして、頭は欲で暴走します。ですから、修行の対象は、名誉欲や、支配欲や、出世欲や、いばりたい欲や、そんなもんです。つまり、概念的な欲です。

それらを生み出している思考の動きが、素直に見れるようになると、それらの欲を大きくするのも小さくするのも自由になります。ゼロにするのも可能になります。

ゼロにすると、自分は、単にハスの葉のうえの白露《しらつゆ》のように無色透明になります。悟れます。

丸投げの練習

自分の心を観照する修行が進んでくると、怒りとかの大きな感情が動くときだけでなく、微妙に心が動くときも観照できるようになってきます。それが第三段階です。

修行が進んでくると、微妙なところまで常時、観照するために、座禅を組んだり、公案を考えたりします。

「笑雲先生、前に、公案はいくらでもあるとおっしゃいましたが、公案を自分で見つけるにはどうすれば良いのですか」

「どんなことでも、公案にはなる。だが、より良いというのは、より軽いものだ。軽い題材の物の方が良い。

なぜなら、自分がそのものに巻き込まれてはなかなか冷静に考えられない。だから、あまり、巻き込まれないものが良いわけだ。

だから、歴史に残っている優れた公案は、すべて軽い内容だ。自分にあまり関係ないものばかりだ。解けても解けなくても生活には関係ないものばかりだ」

「そう言われて見れば、そうですね。深刻な内容のものはありませんね」

「丸投げの練習だからね」

「えっ、何の練習ですか」

「丸投げ」

「丸投げ？」

「そう、丸投げ。つまり、考えているその全体を放り投げることだ。桶《おけ》の底が抜けることだ。舟の底が抜けることだ。テーブルクロスごと片づけることだ。

その練習をする。『あっ、なんだ。自分はつまらないことを考えている。考えるのをやめよう』とその考えを丸ごと止められることだ。丸ごと放り投げることだ」

「だから、丸投げ」

「『考えても答えのないものは、考えないようにしよう』とその考え自体を放り投げることだ。その訓練になる。でも、いきなり深刻なものをテーマにすると、なかなか丸投げができない。だから、軽いものを材料にして練習するわけだ」

「『隻手《せきしゅ》の音』とか『拈華微笑《ねんげみしょう》』とかは、軽いと分かりますが、重いテーマっていうのは例えばどんなことですか」

「『生老病死』関係は重いね。特に『死』は重い。死んだらどうなるんだろうと『？』が点灯すると、『頭』は必死で考え始める。でも、どうなるかは、誰にも分からない。いろいろ解答案は出回っているが、全部、想像の産物だ。だから、解答はない。

解答がないことから言えば『隻手の音』と同じだ。だから、その意味では『死んだらどうなる』というのもりっぱな公案だ。

ただ違う点は、『隻手の音』は自分の命には関係ない。でも死は自分の命に関係ある。だから、その解答を求めようと働き続ける『頭』の働きを、ばかばかしいと丸投げにすることが難しいと思うわけだ。

でも、丸投げのやり方を習得すれば、死だって何だって、答えのないものを考えるというムダは止めることができるようになる。

公案は丸投げのやり方を習得する良い方法なわけだ。

丸投げのやり方は、軽いテーマも重いテーマも同じだから、軽いテーマで練習すれば良いのだ。

もうひとつ、これは、自分でやってみれば分かることだが、軽いテーマの丸投げが一回でも成功すると、たぶん、びっくりすると思うが、その軽いテーマの『?』だけでなく、全部の『?』が一度に消えてしまう」

「だから、桶の底が抜けたとかの表現になるのですか」

「そうだね。もう一度、一休さんの歌をみてみよう」

「有無を乗する生死の海のあま小舟《おぶね》　そこ抜けて後有無もたまらず」

この丸投げをすると、思考のサイクルの中では、比較のところが止まります。何も比較しないことと同じことになります。

比較がありませんから、あらゆる言葉が落ちます。

言葉は、厳密にみれば、すべて比較でできているからです。

有りと無し。生と死。赤いと赤くない。花と花でない。光と闇。大と小。始めと終わり。あがるとさがる。行きと帰り。正と疑。良いと悪い。

なんでも比較です。

この比較するというのを落としますから、みんな消えます。

（まとめ）

自分の心の観照をするのに、まず、自分のありのままを見ることから始めましょう。

それには、すぐに外に向いて動こうとする心をまず方向転換しなければなりません。そのこつは、自分のことをありのままではいけないと思っている部分を変えます。

自分自身が自分の理想と思っていることから遅れていても劣っていても一向にかまわない、それを今は気にしていないという態度をとります。言葉をかえれば、良くない自分をそのまま認めます。ＯＫを出します。かまわないと許します。

そうすると初めて、自分自身が素直に見られます。その素直に見られた状態の自分が、何をどのように起動させて思考しているのかを見るわけです。

見るときのこつは、思考が止まらなくなり始める点をみます。怒りなら怒りが起こり始める点を注視します。その地点が意識と無意識の境目《さかいめ》でもあるからです。その境目が抑《おさ》えられればその先をさらに微細に観察していきます。

そして、怒りとか、心配とかの大きな感情だけでなく、ちいさな感情や心の動きも見られるように練習をしていくわけです。

すると、それらの動きはすべて、取得、比較、保持、向上の四サイクルで、きっちりできているのがわかります。

そのところまで微細に見られるようになってくると、もう思考をどうこうするのは自由自在になるわけです。

さて、その練習に、公案を使うやり方もあります。公案を考えながら、『考える』ということがどのような作業なのかを観照しようというものです。

また、公案を使わないやり方もあります。ひたすら、自分の心の動きを観照する方法です。

ここでは、公案を三つ紹介しておきます。笑雲の好きな公案ですが、こんなのです。

禾山解打鼓《かざんげだく》

ある僧が、禾山《かざん》にたずねました。

「先生、悟るというのはどういうことでございますか」

禾山は、

「太鼓《たいこ》を叩《たた》くとドンドンドン」

「ならば、究極の教えとはなんでしょうか」

「太鼓を叩くとドンドンドン」

「むむむ、馬祖は初めのころは『心が即、仏だ』と言われたが、後には『心も無ければ仏も無い』と言われた。あなたも少し気のきいた説明ができないのですか」

「太鼓を叩くとドンドンドン」

「ええい、私を馬鹿にして。もし、ここに六祖慧能《えのう》があらわれたら、どんな解答をすると思うか」

「太鼓を叩くとドンドンドン」

『碧巌録《へきがんろく》　第四十四則』に出てくるものです。

普通、太鼓を叩くとドンドンドンとは何を意味しているのかという公案に出されますが、これは、「拈華微笑《ねんげみしょう》」と同じで、「先生は何を言っているのだろう」と常に『?』を点灯させることに意味があります。太鼓は心のことで、ドンドンドンはそれが反応している様子だなどと、想像するのは自由ですが、意味はありません。

「ええい、私を馬鹿にして」と言ったときに、「ドンドンドン」とやられて、ふと、自分は何を怒っているのだろうと、観照できれば大正解なのです。お釈迦様が花を持ってじっとみんなの観照の役に立とうとしていたのと同じです。

趙州《じょうしゅう》　喫茶来《きっさこ》

趙州《じょうしゅう》のところに修行の僧がやってきました。

趙州は、

「あなたは、以前ここにきたことがありますか」

と尋ねました。

「はい、あります」

とその僧が答えると、

「では、まぁ、お茶を一杯どうぞ」

と趙州は言いました。


また、ある日ほかの僧がやってきました。

すると、趙州は、

「あなたは、以前ここにきたことがありますか」

と尋ねました。

「いいえ、初めてです」

と答えると、

「では、まぁ、お茶を一杯どうぞ」

と言いました。

それを聞いていた寺の持ち主が、

「趙州先生は、初心者にも経験者にも、お茶を一杯どうぞとおっしゃいましたが、どうしてですか？」

とききました。

趙州は即座に、答えました。

「では、まぁ、お茶を一杯どうぞ」

これは『趙州録　下』に出てくるお話です。これも、前のと同じで、

「では、まぁ、お茶を一杯どうぞ」

というのが、「拈華微笑《ねんげみしょう》」の花と同じ役割になっています。

摩訶迦葉《まかかしょう》以下、それぞれの先生方はいろいろと工夫なさっているということです。

牛過窓簾《ぎゅうかそうれん》

「牛が窓の外を通過して行きます。

初めに、角が過ぎ、頭、体、足などが過ぎて行きましたが、

しかし、なぜだか、尾が過ぎて行きません。

これは、なぜでしょう？」

これは、五祖法演《ほうえん》が出した公案です。

『無門関《むもんかん》 第三十八則』にでてきます。これを考えなさいと与えられます。

もちろん答えはありません。考えつづけるという、思考の動きを観照する目的のためのテーマです。まるで、チュウインガムのようなものです。何かかむものがないと顎《あご》や舌を動かす練習になりませんが、ガムがあると口が動きます。公案があると、思考が動きます。飲み込めるものだと終わってしまいますが、答えの無いものだといつまでも思考の道具に使えます。だから、まるで、ガムと同じです。

諸先達の工夫のおかげで優れた公案がたくさん残っています。いずれも簡単に頭の中にクエスチョン「?」が立ちあがって、しかも、答えはないものです。それらを読むと、諸先達の工夫と熱意に頭が下がります。

第7章

「まっ、いいかぁ」と言ってみる

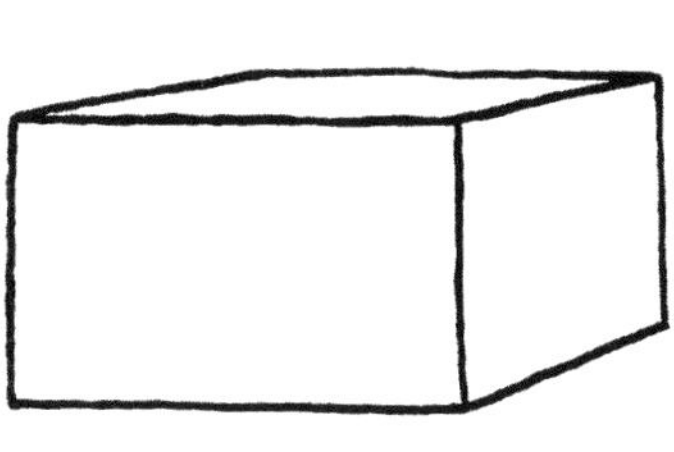

「隻手《せきしゅ》の音」や「牛過窓簾《ぎゅうかそうれん》」が思考をどんどん生み出す働きがあることはお話ししましたが、さて、では実際にはどのようにこれを修行に使うのでしょうか。この章ではそれを具体的にお話ししましょう。


「そうですよ、笑雲先生。自分の思考を観るとか、欲を止めるとか、言葉で言うのは簡単ですが実際はどうするのか、とても分かりにくいですよ」

「そうだね。思考している頭で、思考がどう進んでいるのかを観るのは大変だ。そして、それができないと、思考が走ることから起こるさまざまな欲も止めようがないね」

「そうですよ。そう考えてはいけない、それは間違いだ。そっちの方向に行くと違うって言われるばかりでは、なかなか正しい門に入れませんよ」

「ああ、広い門と、狭い門のことか」

「そうです。入りやすい広い門は、何も考えなくても、気がつけば、もう入ろうとしてますから、その門は簡単ですよ。でも、入りにくい狭い門にはいったいどこからどうやったら、入れるのですか」

「そうだね。それができないと修行にはならない」

「だから、それを具体的に教えてください」

「よし、では、ちょっと話が長くなるが、それを教えよう」

心を観照する訓練

「隻手《せきしゅ》の音」や「牛過窓簾《ぎゅうかそうれん》」などの公案を使って、思考の動きを観《み》る訓練を実際にしてみましょう。

その前にもう一度公案の機能を復習しておきますが、公案には正しい答えはありません。答えが無いから、いつまでも考え続けられます。その考えをあるとき丸ごと全部捨ててしまうのが目的です。

「ちょっと待ってください。笑雲先生」

「なんだい。小松茸」

「全部捨ててしまうと、狭い門から入るのはどうなるのですか。考えが全部なくなると狭い門からも入れないような気がしますが」

「おお、そうか。そう思うのは当然だな。考えがなくなったらどうやって入れるというのだろう。そう考えるのはしごく当然だな。ちょっと難しいがちゃんと説明しておこう。考えがあっては入れないのだがそれはこういうことだ」

思考はどんな思考も思考です。

たとえ狭い門を探そうとする思考もそれは思考です。

あるいは、「自分はどうしてこれこれと思うのだろう。そう思うわけを探ろう」と狭い門の前で考え始めるのもそれは思考です。

この思考があるうちは、決して狭い門の奥深くには入っていけません。

それは、例えば、海で泳いでいるとします。

考えている状態とは、水面でばちゃばちゃと泳いでいる状態です。それが考えている状態。

あっちに行ったり、こっちに行ったりしています。


それで、先生は「あっちに行ってはいけない」「こっちも間違いだ」とあちこち泳ぎまわっているのを咎《とが》めます。

または、「自分であちらこちらに泳ぎまわっているのを、自分でちゃんと観《み》なさい」と指導したりします。自分でそれができるようになると、むやみにあちこち泳ぎまわることはなくなります。


でも、それで、思考が止まっているわけではありません。

どこにも行きはしませんが、ただ同じところに浮かんでいる状態です。立ち泳ぎという泳ぎ方がありますが、それです。頭を出して沈まないように泳いでいます。

つまり、「自分はどうしてそう考えてしまうのだろうか。それはなぜだろう」と「考えて」いるのです。


思考が全部なくなったわけではありません。

たしかに、クロールや平泳ぎでどこかに行こうとしたことは止まりましたが、立ち泳ぎをやっていてはまだ狭い門の前です。

中に入るのはこうします。

泳ぐのをやめて、沈みます。

どんどん深く沈みます。


「笑雲先生、そんなの恐いですよ。沈むと溺《おぼ》れてしまいますよ」

「そうだね。恐いと思うから、なかなかできない。でも、大丈夫、溺れることはないよ。息はちゃんとできる」

「それはそうですが、なにが起こるか分からないじゃないですか。第一戻って来れるんですか」

「確かに、何が起こるかは分からない。ひょっとすると、テーブルクロスの一気のやりかえが起こったりするかもしれない。

でも、大丈夫だ。

もし何か起こったとしても、自分にとって必要なことが起こるだけだ。あるいは、自分にとって必要なものを発見するだけだ。

だから、安心して沈めばいいのだ、必ず戻って来られる」

「うーん、でも、沈むって結局、手足をばたばたさせないってことでしょ」

「そうだ。じっと静かにして、海の底に向けて沈む」

「うーん、でも、どうやって」

「ほら、また。小松茸は今度はどうやって沈もうかと考えた」

「そうですよ。それを教えて貰《もら》わないと沈めません」

「あははは、手足を動かしてもぐるのではないよ。それでは、海女《あま》だ。意識してもぐっている。

もぐる技術が上手《うま》くなっても悟れないよ。

手足を動かさないで沈むのだ。自然に沈む。そのままずーっと沈む。浮かぼうと考えない」

「でも、どうしても、手足が動いてしまいますよ」

「そうだね。訓練しないと、手足を動かさないでいることは難しい。それで、観照の訓練が必要なわけだ。

手足が動いたらすぐに止める。その練習だ。

手足を動かさない練習だ。

手足を動かさなければ、何もしないでも、沈める。とくに沈む努力は不用だ。沈もうと考えることはない」

「まぁ、そうですね」

「だから、修行はいつも、『考えるな』、『思考を走らせるな』とそっちの方を工夫することになる。でも、その目的は沈むことだ」

「はあ」

「先ほどの小松茸の質問だが、『全部捨ててしまうと、狭い門から入るのはどうなるのですか。考えが全部なくなると狭い門からも入れないような気がしますが』というのは、これで分かったかな」

「はい、分かりました。狭い門から入るのではなくて、狭い門から沈むのですね」

「あははは、まぁ、そうだ。そこから先は自然に任せる。

するとこることが起こってくる。そう思える。それはそうだ。自分で考えていないのだからな」

「はい。ところで狭い門はどこにあるのですか」

「えっ」

「っていうか、自分の沈むべき位置ってあるんですか」

「ああ、そういうことか」

「そうです」

「どこから沈んでもいいよ。自分は今怒ってる。それが分かった。そしてそれを止めた。ついでに、その場で手足を動かさなければそのまま沈める。

あるいは、自分は今、公案を考えている。その考えてることをすっかりやめる。するとその場所から沈める。

あるいは、自分は今、真言をとなえている。真言以外は何も考えていない。そして、その真言を唱えるのもやめる。すると沈める。

あるいは、自分は今、『何も考えないぞ』と考えている。最後にその『何も考えないぞ』というのもやめる。すると沈める。

どこから沈んでも同じだ。大切なのは沈むことだ」

「では、修行の対象は、常に、思考をどう止めるかですね」

「そうだね。分かってきたね。小松茸。

それができれば、あとは、自分でどうこうする問題じゃない」

「単に沈んで溺れるだけですからね」

「あはははは、溺れるわけじゃないがね」

「あれですね、笑雲先生」

「なんだい」

「長く人間をやっていて、泳ぎ方の練習をしていたら、沈めなくなったって感じですね」

「まぁそうだね。成長するということは泳ぎ方が上手になるってことだからね」

気づいて、止める

「沈む手順をいうと、だから、まず、あちらこちらに行こうとしているのをやめる。そして
どこにも行かないようにして、沈む」
「それが観照ですか。笑雲先生」
「そうだ。まず、自分がどこかに行こうとしているのを客観的に観察できなければ始まらな

い。

　それが、例えば『馬鹿にされた』『腹が立つ』などと無意識に泳ぎだしているのなら、それを観《み》なければならない。

『無視』『拒否』『非難』『逃避』『ごまかし』、それに『反抗』などと思考が走っているさまをまずしっかり観察することだ」

「『無視』や『拒否』や『非難』の方向に泳いでいるってことですか」

「方向じゃなくて、泳ぎ方だな。背泳ぎや、バラフライや、クロールなどの泳ぎ方だ。もっと変な泳ぎ方もあるかもしれない。とにかく、ばたばたと泳いでいる。それを観察する。そしてやめる」

「どうやって？　どうやってやめるんですか。先ほどは、先生が側《そば》についていて、それは、『無視』だ、とか、『拒否』だ、とか、『非難』だ、と言ってくれたから、おおそうかって分かりましたが、自分ではどうやって止めるんですか」

「そうだね。ちょっと難しいが、自分で止められなければ修行にならない。自分で止めることができてこそ、その先の沈むもできるのだからな」

「そうですよ。だから、それを教えてください。自分で止める方法」

「よろしい。こうする」

自分で止める方法をいいます。

二段階あります。

第一段階は、自分が変な泳ぎ方をしているのにまず「気づく」ことです。

第二段階は、その変な泳ぎ方を止めることです。

順番に説明します。

まず、第一段階の「気づく」ことですが、変な泳ぎ方をしていると、必ず「苦しく」なりますから、「苦しい」と感じたら「これは変な泳ぎ方をしているのに違いない」と気づけます。

例えば、自分は気分が悪いと発見すると、すぐに、「なぜだ」と思ってください。するとと例えば、「自分は怒っているから、気分がわるいのだ」と分かったとします。「自分は怒っていると気づけた」わけです。それはラッキーなことです。気づけると第二段階にすすめるからです。そして、第二段階を見事に終了すると、もう怒りは消えてしまいます。気分が良くなります。

ですから、自分は怒っていると気づけた人はラッキーです。

同じように、自分は「不幸」だと気づけた人はラッキーです。「不幸」ではなくなります。「幸福」になれます。

同じように、自分は「不満」だと気づけた人はラッキーです。「不満」ではなくなります。「満足」になれます。

同じように、自分は「惨《みじ》め」だと気づけた人はラッキーです。「惨め」ではなくなります。「楽しい」になれます。

同じように、自分は「貧乏」だと気づけた人はラッキーです。「貧乏」ではなくなります。「お金持ち」になれます。

「笑雲先生、貧乏だと気づけたら、本当にお金が入ってくるのですか」

「違うよ。貧乏だという悪い感情があるってことに気づくと、その感情を無くすことができますよってことだ。

するると、もう貧乏で悲しいだとか、貧乏で苦しいだとかがなくなる。お金がこれだけしかないというのが、お金がこれだけもあると思えるようになる。豊かな気分になれる。極めればどんなお金持ちより気分は豊かになれる。つまり、どんなお金持ちよりさらにお金持ちの気分になれるわけだ。お金持ちになるのではなく、もっとすごいお金持ちの気分になれますってことだ」

「なーんだ。気分だけか」

「あははは、当たり前だ。思い方が変わるだけだからな」

「でも、まぁ、お金を稼《かせ》ぐよりてっとり早いかも知れない」

「あははは、どこまでも、横着《おうちゃく》なやつだ」


第一段階は、ですから、自分の「悪い気分」をチェックして、変な泳ぎ方をしているのではないかと、それに「気づく」ことです。


つぎは、いよいよ第二段階です。

その変な泳ぎ方を止めましょう。

しかし、なかなか止まりませんね。小松茸が言う通り、誰かに「おいおい、変な泳ぎ方をしているぞ。間違いだぞ」と言われれば止められるでしょうが、自分ではどうすればいいのでしょう。

大丈夫です。上手《うま》いやり方がありますからお話しますが、その前にまず、なぜ、変な泳ぎ方を続けているのかその因果関係を良く理解しておきましょう。

例えば、「小松茸さんはなかなか悟れませんねぇ」と言われて腹が立つ。その因果関係がどうなっているのか、それをお話ししましょう。

「なぜ、腹が立っているのか」ですが、原因は自分にあります。

例えば「早く悟りたいのにそうなっていない」からです。ひと言で言えば、欲が満たされていないからです。

あるいは、「尊敬されたい」のにそうなっていないからです。これも欲が満たされていないからです。

また、あるいは、「悟れないのを認めたくない」のに、ひとからそう言われたからです。同じくやはり、欲が満たされていないからです。

つまり、本当の理由はどうだかしりませんが、とにかく、なんらかの欲が満たされていないから、気分が悪いわけです。

欲があると、頭はその欲を満たそうと働きます。それは頭の生まれ持った機能ですから当然です。万一それをしない頭ならそれは故障です。まともな頭なら必ず欲を満たそうと考えます。それでいいのですが、しかし、やりすぎると苦しくなります。ですから、この働きを外からコントロールしなければなりません。

「そうですよ。だから、どうコントロールするんですか。つまり、変な泳ぎ方をしているのをやめるってことでしょ」

「そうだ」

「だから、そのやり方、それを教えてください」

「こうする」

「どうするんですか。欲を起こさないようにするんですか」

「いいや、それはムリだ」

「えっ」

頭は欲を満たそうと考えて走っているわけですから、欲を起こさないようにすればいいようですが、それは違います。今現在、すでに欲に向けて思考は走っていますから、いまさら、欲を起こさないようにしても遅いのです。

例えば、導火線にマッチで火をつけたとします。火はパチパチと導火線の上を走っていきます。「マッチで火をつけないようにしましょう」と今さら言っても遅いのです。先回りして導火線を切るのが正解です。

また、例えば、山手線に乗るのに内回りと外回りを間違えて乗ったとします。「間違えて乗らないように気をつけよう」と今いくら思っても、意味がありません。それより、すぐに次の駅で降りて乗り換えることです。

それと同じです。

ある欲があってその実現のために思考が走り始めたら、「欲を起こさないようにしましょう」といっても今は意味がないのです。遅いのです。それより、その思考を止めなければなりません。

こうします。

「まっ、いいかぁ」と言ってみます。

導火線を切るようなものです。

山手線から降りるようなものです。

「まっ、いいかぁ」と言って、何かに向けて懸命に走っている思考を頓挫《とんざ》させます。

「まっ、いいかぁ」と言って、そこまででOKと認識を変えさせます。

「まっ、いいかぁ」と言って、「悪いからなんとかしよう」と懸命に考えているのをはぐらかします。

「まっ、いいかぁ」と言って、思考の集中を開放します。

とにかく、「まっ、いいかぁ」と言えば、思考のスピードは落ちます。一休みできます。

「だから、『まっいいかぁ』と一休み、なんですか」

「そうだ。一休さんの道歌も同じだ」


もう一度見てみましょう。

「有漏路《うろち》より無漏路《むろち》へ帰る一休み　雨降らば降れ風吹かば吹け」

有漏路《うろち》というのは、物質の世界、欲のある世界。無漏路《むろち》というのは何もない世界、つまり悟りの世界。すると、意味は、迷いの世界から悟りの世界に入る。今はその途中だ。一休みだ。雨が降ってもいいし、風が吹いてもよい。まぁ、いいじゃないか、それも楽しい。というものです。

逆に言えば、「まっ、いいかぁ、一休みしよう」です。

暴走している思考を止める技です。雨が降っても風が吹いてもいいじゃないか、ちょっと休もうというやり方です。

雨に濡《ぬ》れてはいけない。風に吹かれてはいけない。と思っていると、急いで屋根のあるところへ行こうと走り出すことになります。もし、走っていれば止めることはできません。

でも、濡れてもいいじゃないかと思えば、走るのをやめられます。

「まっいいかぁ」と一休みできます。

実際にやってみる

「牛過窓簾《ぎゅうかそうれん》」でやってみましょう。

「牛が窓の外を通過して行きます。

初めに、角が過ぎ、頭、体、足などが過ぎて行きましたが、
しかし、なぜだか、尾が過ぎて行きません。
これは、なぜでしょう?」

「なぜだろう。そんな牛がいるんだろうか?」

と思考が走りそうになったら、「まっ、いいかぁ」と言ってみます。

すると、「まっ、いいかぁ、そんな牛がいたって」になります。

「これはなぜでしょう?」と言われても、究極は、

「まっ、いいかぁ、分からなくても」になります。

でも、回答もなしに先生のところに持っていくと怒られそうです。

「でも、まっ、いいかぁ、怒られても」と思えれば、ほぼ、このコツは習得しています。

思考が暴走するのを止められるようになっています。


「なるほど、言われてみれば簡単ですね。まっ、いいかぁですか」

「そうだ。今度は小松茸が自分でやってみてください」

「はい」

「例えば、誰かに何かを言われて腹が立ったとした、先ほど使った例で、自分でやってみてください」

「そうですね。自分でやる練習ですからね。ではやってみます」

「うん、とにかく、『まっいいかぁ』と言って一休みを忘れないように」

「はい、そうですね」

以下は小松茸が頭の中で考えている頭の中の言葉です。

私が誰かに、「小松茸さんは、長らく修行をやっておられますが、いつまでも悟れませんね」と言われて、「くそっ、面白くない。自分だってそうじゃないか」などと腹が立ったとする。うん、確かに腹が立つな。

それで、第一段階は、「おっ、腹が立ってうれしい。自分にはまだ、腹が立つものが残っていた。これの仕組みの究明ができるので、ラッキーだ」と、自分が腹を立てている状態に気づく。

一応気づいたとする。

でも、もう気分は悪くなっている。

それはなぜなのか、それを観《み》るんだな。

「何で、こいつは俺《おれ》を馬鹿にするんだ。なぜなのだ。後輩のくせして。礼儀ってものを知らないのだな。まったく礼儀知らずもはなはだしい」

と思考は走っている。

そのとき、それを取りあえず止める。

ええと、どうやって止めるんだったっけ。

と、止めることを考えているうちにも、

「くそっ、いったいどんな教育を受けてきたんだ。そんなことじゃ、お前だっていつまでも悟れないぞ。先輩だから親切に言ってやるが、人を馬鹿にする奴《やつ》は、絶対に悟れないのだ。分かったか、この馬鹿」

とどんどん思考は走ってしまう。


「あははは、小松茸、止めるんだ止める」

「ええと、なんだったっけ」

「一休みだ」

「おっ、そうだ。まっいいかぁ、で一休みだ」

そこで、「まっいいかぁ」と言ってみるわけだな。よしよし。

何で、こいつは俺を馬鹿にするんだ。まっいいかぁ。（おっ、言えたぞ。まっ、いいかぁと言うとまぁ、馬鹿にされてもいいかぁ、って気持ちに少しはなるな）

いやいや、なぜなのだ。後輩のくせして。礼儀ってものを知らないのだな。まったく礼儀知らずもはなはだしい。くそっ、いったいどんな教育を受けてきたんだ。そんなことじゃ、お前だっていつまでも悟れないぞ。先輩だから親切に言ってやるが、人を馬鹿にする奴は、絶対に悟れないのだ。分かったか、この馬鹿。

「小松茸！」

「はい。まっ、いいかぁ」

「今ごろ言っても遅い」

「どんどん言わないと止められないぞ。機関銃のように連発しないとな」

「はぁ」

と言うことでもう一回。

何で、こいつは俺を馬鹿にするんだ。まっいいかぁ。

なぜなのだ。後輩のくせして。まっいいかぁ。

礼儀ってものを知らないのだな。まっいいかぁ。

まったく礼儀知らずもはなはだしい。まっいいかぁ。

くそっ、いったいどんな教育を受けてきたんだ。まっいいかぁ。

そんなことじゃ、お前だっていつまでも悟れないぞ。まっいいかぁ。まっいいかぁ。まっいいかぁ。

先輩だから親切に言ってやるが、人を馬鹿にする奴は、絶対に悟れないのだ。まっいいかぁ。

分かったか、この馬鹿。まっいいかぁ。

「ああ、しんどい。笑雲先生これは、とてもしんどいですよ。辛《つら》い、苦しい。ブレーキを掛けたり進めたり、ブレーキを掛けたり進めたり。ああしんどい」

「あはははは、だから、一休みだ」

「ああ、休み、休み」


みなさんもやってみてください。

この「まっ、いいかぁ」は強力です。

思考が暴走しているのをすぐに止めることができます。

しかも、あらゆる思考に効き目があります。

ぜひ、自分で実験して習得してください。

その効果に驚かれると思います。

一休み

あらゆる思考が止まると、めでたく海の底に沈んでいきます。

底の方に沈んでいきますから、一瞬恐いと思ったりしますが、そう思うとまた手足をばたさせて泳ぐことになります。

恐いと思うのは頭です。

知らないところだから恐いと思うのですが、本当はぜんぜん恐くありません。むしろ面白いです。

みなさんが、どのような経験をされるかは、それぞれでしょうから、それは楽しみにしておいてくだされぱいいと思います。


「笑雲先生、例えば、どんなことが起こるんですか」

「いや、だから、自分で行けば分かる。ただ、どんなことが起こってもたいしたことはない。それに役に立たないことばかりだからな、そこで遊んでいてはいけない。そこは通過するところだ。通過して初めて悟れる」

「でも、そこが恐いと思うと行けませんよ」

「そうだね」

「だから、どんなところなのか、少し話してください。すると恐いとは思わなくなる」

「まぁ、一理あるが、こんなことは、千通りも万通りもあるはずだからね。笑雲が話したことがすべてではないし、そうならなくてはならないものでもない。それに、そこは目的地ではないからね。通過地点だ。だから、そこを目指してはいけない」

「わかってますよ」

「わかっていても、あまり言いたくないなぁ」

「なぜですか」

「これは未熟な時のことだからなぁ」

「だから、なんなんですか」

「ちょっと、恥ずかしい点もある」

「いいじゃないですか」

「まっ、いいかぁ。あはははは、じゃ、そういう前提で話を聞いておくれ」

「はい」

「宙に浮かぶ話だ」

「おお……」

宙に浮かぶ話

修行三昧《ざんまい》に明け暮れていたころです。

ある、月の無い夏の夜でした。とても、気持ちが良いので、同僚と裏の小山に登りました。

頂上の広い芝生《しばふ》にあお向けに寝転がって、満天の星空を眺《なが》めていました。

「あれが、おり姫、彦ぼし。あれがケンタウルス」と夜空の星を探していると、時折、流れ星が流れたりします。

しばらくぼんやり、眺めていると、突然身体が軽くなりました。無重力になりました。

「えっ、身体が浮いたんですか」

「いいや」

「でも、宙に浮いたんでしょ。無重力になったのだから。小松茸も宙に浮きたい」

「あのなぁ、小松茸」

「はい。わかってます」

「小松茸、宙に浮くのだけは、やめておいた方がいいぞ。ものすごく恐い」

「えっ、ふわふわして気持ち良さそうですけど」

「ああ、笑雲もこの時まではそう思っていた。だけど、実際は違う。無重力になったら大変なのだ」

「よくわかりませんが」

ぼんやり星空を眺めていると、突然無重力になりました。

すると、今まで自分の上にあると思っていた、満天の星空が、自分の下になりました。

「わっ、落ちる」

と思ったのでとっさに、手に触れていた芝生《しばふ》を鷲《わし》づかみにしました。

もし、このまま宇宙に落ちていくと、さえぎるものは何もありません。天の川まで一直線です。

つかんでいる芝生だけが地球に残れる命綱です。これを放すといけません。

芝生がはがれないかどうか心配で、冷や汗が出てきました。

「ちょっとよくわかりませんが」

「ああ、そうだね。空に落ちそうだと言ってもよくわからないね。

ええと、例えば、地球儀に蟻《あり》が一匹乗っているとする」

「はい」

「その蟻を落とさないように、地球儀をゆっくり動かしてその蟻を一番下にする。底に位置させる。

そして、地球儀をぽんと叩《たた》く。すると蟻が地球儀から下に落ちる」

「あははは、すると、笑雲先生も落ちそうになった？」

「そう。助けてーって感じだ。あんな恐かったことはなかった」

「あはははは」

「もう、二度と無重力はご免だ」

「あははは、ちょっと浮くってできないんですかね」

「地球はね、ものすごい力で人間を引っ張ってくれているんだ」

「引力ですね」

「それが要りませんって言うと、ひどい目に合うのだ。宇宙の果てまで飛ばされる」

「あははは、良かったですね。芝生を掴《つか》んでて」

「と、いう感覚になったというだけのことだ。実際に無重力になったわけではないし、その感覚も何の役にも立たない」

「でも、面白い」

「そうだね。確かに面白い。このあたりは遊園地みたいなもんだからな。アトラクションはいくらでもある。でもそれらを追いかけていては迷う。適当に切り上げないとな」

「そうですか。面白いですけどね」

「海に沈めば、こんなことは何十も何百も起きる。最初は面白いが、そのうち飽《あ》きる。また、飽きなくてはいけない。ここは通過地点だからな。よく覚えておきなさい。小松茸、大切なことだからな」
「はい、はい」

第8章

心に青空が広がる

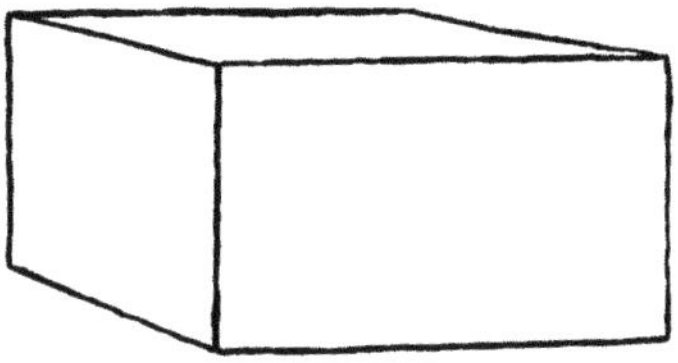

自分の中の思考のサイクルが自在にコントロールできるようになると、むやみに思考を走らせる必要もないと分かりますから、必要のないときには、ただ情報を受け入れて流すだけになります。

すると、この宇宙の森羅万象《しんらばんしょう》がありのままに心に飛び込んできます。それはそれは素晴らしい体験です。

本来の自分

「有無を乗する生死の海のあま小舟《こぶね》　そこ抜けて後有無もたまらず」

さきほども言ったように、思考のサイクルの一つでも止まれば、その止まった時は、思考全体がとまりますから、自分で自分勝手に脚色して世の中を見るということができなくなります。

つまり、この宇宙をあるがままにしかみられないということです。

それはつまり、本当にありのままの姿を見ることができるということです。

すべての情報は自分をそのまま通過して流れていくような気になります。

すると、

「白露《しらつゆ》の己《おの》が姿はそのままに　紅葉《もみじ》に置けば紅《くれない》の玉」

という自分自身の感想になります。

自分は白露《しらつゆ》のように無色透明だ。紅葉の紅《くれな》い葉っぱの上にあれば、だから、紅い玉に見える。

と言っても、自分が赤い色に染まっているわけではありません。赤い色は通過しているだけです。自分はあくまで、無色透明です。

「蓮葉《はちすば》の濁《にご》りに染《し》まぬ露《つゆ》の身は　ただそのままの真如実相」

どんな濁《にご》りも不純物も含んでいませんが、その丸い露《つゆ》が本来の姿です。通過する光をさえぎるものは何もない状態です。純粋です。奇麗です。

たとえば、月が輝いていても雲が出ていると暗くなります。雲が去っていくと明るくなります。

「今ははや心にかかる雲もなし　月と入るべき山し無けれど」

月の光をさえぎる雲もない。雲がないばかりか、光っている月が隠れる場所もない。何も無いところに煌々《こうこう》と満月が照り輝いています。そしてその満月の光はどんどん明るくなります。

「澄《す》み登る心の月の影《かげ》はれて　隈《くま》なきものはもとの境界」

そのように光り輝く満月こそが本来の自分なのだと言っています。

「私は光だ」と昔の悟った人が誰か言っていましたが、それと同じですね。

「ほう、満月とか、光とか」

「そうだ、小松茸。とにかく、この状態になると、目を瞑《つぶ》っていても明るい」

「なぜですか。目を瞑っていても明るいなんて。良く分かりませんが」

「さぁ、なぜだか笑雲にも分からない。たぶん、視神経なんかもリラックスして開放状態になってるんだろうなぁ。明るくて温かくてとってもいい気持ちになる」

「ふーん」

「頭が何も考えなくなると、頭を暗くしておく必要はなくなるからだろうね。たぶん、おそらく……たぶんね」

「なんだかいいかげんですね」

「うん、考えるというのは、まず全体を暗くしておいて一部分だけ電流を流して考えてる気がするね。一休さんもこう言ってる」

「くもりなきひとつの月を持ちながら　うき世の闇《やみ》に迷いぬるかな」

せっかく自分で光り輝く月を持っているのに、なんで闇《やみ》にしてあれやこれやと迷っているんだろう。もったいない話だ。と一休さんは思うわけです。

何かを考える、つまり、悩んだり心配したり怒ったり、とにかく浮世のいろいろな欲に走ると、すぐに光は消えて頭は闇になります。そして、悟りとは違う方向に行ってしまいます。迷ってしまいます。

「なぜ、頭は暗くなるのですか」
「たぶん。考えるということが、そもそも暗くしてからスタートするんだろうな。黒板に字を書こうとすると、まず、黒板消しできれいにしてからでないと字は書けないからな。それと同じだ。頭の中に思考という電流を流そうとすると、まず、電流が流れていない状態でないと、何を考えているのか分からないからな。

最初は闇のように暗くしておくと、流れたところと流れなかったところがはっきりするから、ものが考えられるのだろう。

黒い黒板に白いチョークで字を書くようなものだ。

でも、何も考えなくても良い、ただいま現在思考すべき案件はないとなると、暗くしておく必要はないからな。

まぁ、弱い電流をすべての脳細胞に満遍《まんべん》なく流すんだろうね。

黒板と違って脳細胞は生きているからね。

『おーい、元気かぁ』『元気だよー』って感じかな。

携帯電話が時々電波を発信して『僕はここに元気でいますよー』って基地局に連絡しているようなもんだね。全部の脳細胞がチカチカと光ってる感じかなぁ。

そのひとつひとつの脳細胞のレベルで言うと、自分から分岐しているどのシナプスも生理的に切断をしてないってことだろうね。全体でいうと全部が全部につながっているわけだ。すると、視神経からつながっている細胞にも電流が流れるし、しかも、どの色でもなく満遍なく全部に流れるわけだから、まばゆい光になるんだろうね。

頭の中のことだけど、なんだか、そんな気がするね。

なんだか、そんな気がする。

なんだかね。

なん…

な…

「……」

「笑雲先生」

「おおっ、びっくりした」

「大丈夫ですか」

「ああ」

「何を考えていたんですか」

「だから、だんだん何も考えないように、すると言葉も無くなる」

「眠ってたんじゃないんですか」

「あはははは、眠るのは頭の休憩だ。お休みだ。

光になるのは、頭の全細胞の覚醒《かくせい》だ。目覚めだ。ぜーんぜん違う。

だけど、何かを考えようとしたり、言葉を使おうとすると、すぐに闇になる。全部が光るわけではなくなる。

だから、悟った状態を保とうとすると、『何も考えないようにしよう』と思うことすら思わないようにしなければならない。

何かを言うと『全部が光る』ではなくなるからな」

「うーん、難しい」

「うーん、説明する方も難しい」

この状態を説明するのに、どうしても言葉でしか説明できませんから、言葉を使おうと思いますが、そうすると、もう、そのこととは別のことを言っていることになります。

だから、それを否定して、

「うーん、ちょっと違う。そういう意味ではないのだ」とそれも否定することになります。

この「そういう意味ではないのだ」というのも正しいかといえば、それも違います。

今言った、この「それも違う」というのも、もう、違うわけです。このもどかしさを、一休さんがこう歌っています。

「別の事なきぞと言うもはやそむく　ついに言いえぬ達磨《だるま》一休」

「そういうことではないのだ」というのももう違っているなぁ。だから、達磨さんもこの一休も、ついに何にも言えなくなってしまうのだ。という意味です。

でも、何も言わないと、小松茸のような欲しがり屋さんからは、ケチなオヤジだと思われるだろうなぁ。

そう思われてもしかたないなぁ。

なにかあげようと思っても言葉では何もあげることはできないからなぁ。

何かあげようと思っても何もない。ああ、本当に困った。

「何をがな参らせたくは思えども　達磨宗には一物《いちもつ》もなし」

「笑雲先生」

「なんだい」

「ケチなオヤジだとも、なんとも思いませんよ」

「そうか。分かってくれたか」

「あげようと思う気持ちはあっても、何もあげられないんでしょ」

「そうだ。そうそう。やっと分かってくれたか。うれしい」

「結局、あれでしょ。清楚《せいそ》も、赤貧《せきひん》も通り越して、ついになーんにもなくなったってことでしょ」

「あーははは」

「あはははは」

「そうだね。頭の中になーんにもなくなったってことだ。するとどんな情報が入ってきても心が乱れることはない。全部そのまま通過するだけになる」


一休さんもそのことを次のように歌っています。

「わが宿は柱も建てず葺《ふ》きもせず　雨にもぬれず風もあたらず」

自分のこころの中の家には柱もないし、屋根もない。何もない。だから、雨がふっても家がぬれることはないし、風がふいてもガタガタいうこともない。

そのような状態になると、心が何かに執着することもないから、心はいつも寛《くつろ》いで伸びやかにしていられる。

「あら楽や虚空《こくう》を家と住みなして　心にかかる造作《ぞうさ》もなし」

心が空《から》っぽだから、心になにかひっかかるということもない。楽なもんだ。と歌っています。

すると、世の中のすべてが、同じエネルギーでできているのが分かります。

宇宙を創《つく》っているのはエネルギーです。愛のエネルギーです。

宇宙と一体

「見るごとにみなそのままの姿かな　柳はみどり花はくれない」

自分も含めて宇宙は芳醇《ほうじゅん》な愛と喜びに満ちあふれています。
そして、私たちはだれもそれを楽しむために生まれてきています。
この瞬間にすべては実現されています。

「見るごとにみなそのままの姿かな　柳はみどり花はくれない」

柳はみどりですし、花は紅《くれない》です。
まったくその通りです。
一休さんが言うとおり「そのままの姿」です。
柳を見ればその緑を見るだけです。
花を見ればその紅を見るだけです。
心に何も引っかかるものがなければ、そうなります。
心配事もありません。腹の立つこともありません。だから、そうなります。
緑を愛《め》でたり、紅に酔ったり、あるがままの姿をその姿のまま受け入れられます。
そして、あるがままを受け入れると、それはもの凄《すご》く奇麗です。

この世のものとは思えないくらい輝いていています。
目の前にある宇宙的な奇跡と対面します。
感動です。
歓喜です。
エクスタシーです。
うれしくて、うれしくて躍《おど》り上がるばかりです。

いつでもこの感動や喜びを感じられます。
眼鏡《めがね》が曇っていたのが奇麗に晴れるからです。
レンズについていた油膜がきれいにぬぐい去られるからです。
すると、緑は本当の緑に、くれないは本当の紅に見えます。
すべての自然が圧倒的な存在感でそこにあります。

木も花も、山も川も。
青空も、光る海も。
流れる雲も、輝く風も。

町も都会も。
男も女も。
だれもかれも。
すべてが、あらゆるものが、輝いています。
そして、みんな愛にあふれています。
感謝感激です。

宇宙に存在している自分と、
自分を存在させているこの大宇宙がまったく一つになります。
素晴らしい幸福感に満ちあふれます。
限りない優しさとうれしさにつつまれます。
そうです。
私たちはいつでも、どんなときでも、
宇宙の大きな大きな無限の愛に、優しくはぐくまれているのです。
そうです。
私たちも宇宙の愛そのものなのです。

あとがき

いかがでしたか。

一休さんの道歌に従って笑雲先生に悟りの旅案内をして頂きました。

その途中で、悟り方の方法も、例をあげて親切に忍耐強くお話を頂きました。

禅の言葉で言えば、こころの観照《かんしょう》の方法です。自分の心を見る練習です。

私も具体的なやり方が分かりましたので、しっかり日常での修行に役立てたいと思います。

この本ができるにあたって、多くの人々の協力を頂きまして、まことにありがとうございました。

禅文化研究所の、前田直美さんには、資料だけでなく、いろいろ示唆にとんだお話も頂き感謝しております。

また、永井光延さま、渡辺浩充さまにはいつもながらの貴重なアドバイスを頂きました。

特に渡辺浩充さまには長期にわたって励ましのお言葉をいただきました。まことにありがとうございます。ここに深くお礼申し上げます。

また、松田行正さん、斎藤知恵子さんには、美しい気品のある装幀をしていただき、ありがとうございました。松本孝志さん、素敵なイラストをありがとうございました。

この本がみなさまの豊かで素晴らしい人生を、より一層輝かしいものにする良き指針になることを願っています。

宝彩　有菜

二〇〇〇年七月

著者紹介

宝彩有菜 *Alina Hosai*

画家。瞑想家。自身の瞑想体験から、深い人間洞察に基づいて書かれた作品には定評がある。話しているだけで心が軽くなる、人間味あふれる不思議なフツーの人。

著書に『気楽なさとり方』『続　気楽なさとり方』『気楽なさとり方　般若心経の巻』『さとりの方程式』(日本教文社)、『なりたい自分になれる』『今日、自分を少し変えてみる』『今日からはじめる自分づくり』(大和書房)、『なれたらいいなっ』(PHP研究所)、などがあり、海外で翻訳出版も。月刊誌などでも執筆中。5月8日生まれ。

ホームページ

http://www.hosai.net/

気楽《きらく》なさとり方《かた》

心《こころ》がどんどん晴《は》れる

二〇〇〇年 八 月一五日 初版発行
二〇一四年 五 月一五日 六版発行

著者……宝彩有菜《ほうさいありな》〈検印省略〉

発行者……岸 重人

発行所……株式会社 日本教文社
〒一〇七―八六七四 東京都港区赤坂九―六―四四
電 話 〇三（三四〇一）九一一一（代表） 〇三（三四〇一）九一一四（編集）
ＦＡＸ 〇三（三四〇一）九一一八（編集） 〇三（三四〇一）九一三九（営業）
振 替 〇〇一四〇―四―五五五一九
http://www.kyobunsha.jp/

印刷・製本……東港出版印刷株式会社

ISBN978-4-531-06350-5 Printed in Japan